Theo von Taane

Je öfter man drückt, desto schneller kommt der Fahrstuhl !

Humor & Spaß : Lustige Weisheiten, Witze und Bilder mit frechen Blick von unten auf die hot spots des Lebens

Bibliografische Information der Deutschen Nationalbibliothek:
Die Deutsche Nationalbibliothek verzeichnet diese Publikation in der Deutschen Nationalbibliografie; detaillierte bibliografische Daten sind im Internet über http://dnb.dnb.de abrufbar.

Texte und Illustrationen: **Theo von Taane**

Herstellung und Verlag: BoD – Books on Demand, Norderstedt

ISBN: **9783735785794**

Inhaltsverzeichnis Seite

Abhubfantasien – Heute lassen wir einen fliegen!

Auf dem Flughafen

Emergency Check-in
Für Personen, die schnell „einen fliegen lassen" müssen.

Tower 1   Tower 2

Brigde

Schwarzseher
Fatalisten
Blindschleichen

Mafiosi Security-check
Terroristen
Betrunkene Piloten
‚Blinde' Passagiere

Gangway ‚Gang nach Canossa

Check-in ‚Zu spät Kommer'
Bombendroher

Ersatzteillager
Furzdüsen
Hermes Ersatzflügel
Lego Bausatz ‚Flieger'

Fluglotsen Lounge
Clowns
Hans-Guck-in-die-Luft

Piloten Lounge
Staubsaugerpiloten
Pistensäue
Bruchpiloten

Antrieb
Speicher für Fliegen & dicke Brummer

Landebahn für geistige Tiefflieger

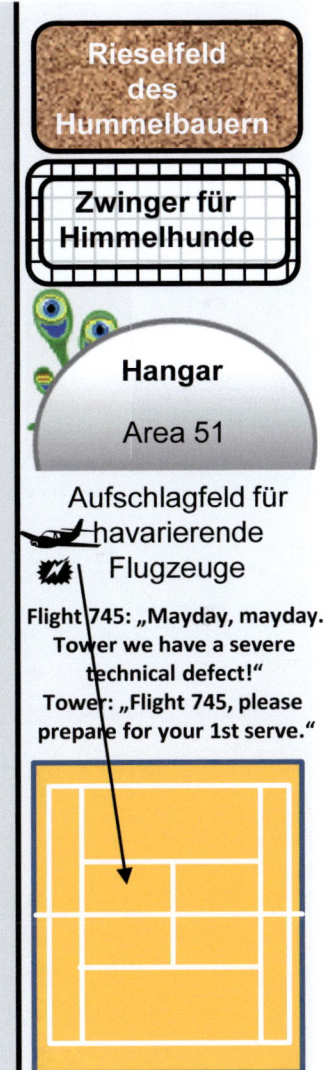

Rieselfeld des Hummelbauern

Zwinger für Himmelhunde

Hangar

Area 51

Aufschlagfeld für havarierende Flugzeuge

Flight 745: „Mayday, mayday. Tower we have a severe technical defect!"
Tower: „Flight 745, please prepare for your 1st serve."

© Theo von Taane

5

Notfall

Der Pilot aufgeregt an den Tower:

„Mayday, mayday. Der Motor ist ausgefallen und wir befinden uns im direkten Sinkflug! Wir werden alle sterben!!!" Darauf der Tower:

„Nur die Ruhe, Sie sehen das zu negativ." Pilot verwundert:

„Was, wieso?" Darauf wieder der Tower:

„Na, Sie wissen doch, Totgesagte leben länger."

Luftkurierdienst

„Unsere Luftkuriere sind die Flexibelsten in der ganzen Luftfahrtindustrie und schon von einem ganz besonderen Schlag". Darauf der Andere:

„Wie von welchem denn?" Darauf wieder der Andere:

„Vom Taubenschlag."

Pilot

Kurz vor dem Abflug. Die Passagiere sitzen bereits und warten noch auf das Erscheinen des Piloten. In diesem Moment taucht dieser augenscheinlich blind, mit Hund und Blindenstock am Flugzeugeinstieg auf und entschwindet sogleich unter den erstaunten Blicken der Passagiere in das Cockpit. Ehe jemand etwas sagen kann, ist die Maschine bereits am Starten und hebt unter hysterischem

Geschrei der Passagiere sauber ab. Nachdem die Maschine am Zielort ebenso wieder problemlos gelandet ist, geht einer der Passagiere zu dem Piloten, als dieser gerade die Maschine verlassen will und spricht ihn an:

„Wie haben Sie denn das schaffen können, völlig blind, die Maschine so sicher zu starten, zu fliegen und auch wieder zu landen?"

„Ach das ist nichts Besonderes, das war Teil meiner Ausbildung."

Antwortet der Hund.

Ausrüstung

Das Flugzeug ist am Abstürzen direkt über dem Meer, da sagt der eine Pilot:

„Um Gottes Willen, wir werden ins Meer stürzen!!!". Darauf der andere:

„Das ist dumm, genau jetzt habe ich natürlich meine neue Taucherbrille nicht dabei."

Landung

Freitag abend auf dem Rückflug FFM nach BLN. Das Flugzeug kreist schon seit einer halben Stunde über dem Flughafen und wartet ungeduldig auf eine Landegenehmigung vom Tower. Der Co-Pilot hält es nicht mehr aus und funkt wieder den Tower an:

„Flight 4711 an Tower: Wann bekommen wir endlich grün für eine Landebahn. Flight 4711 Ende." Darauf meldet sich der Tower:

„Tower an Flight 4711: Die Erlaubnis kann nur unser Supervisor erteilen. Tower Ende." Darauf wieder der Pilot:

„Flight 4711 an Tower: Wann wird uns der Supervisor die Landeerlaubnis erteilen? Flight 4711 Ende." Darauf der Tower:

„Tower an Flight 4711: Nicht vor Montag, solange ist er noch in Urlaub. Tower Ende."

Im Cockpit

Untertagewerk – Komm, ich bring dich unter die Erde!

Auf dem Friedhof

Friedhofsverwaltung

Trauerweide

Grabpflege
Gruftis
Grabschänder

„Nein, ich kann Ihnen nicht den Weg zum Schnitzelfriedhof beschreiben, und ich glaube auch nicht, dass Sie dort das Grab von Schweinchen Dick finden werden."

© Theo von Taane

Eingangsbereich
Abnippler
Zombies
Scheintote

Krematorium-Brennanlage
Höllenhund

Rekrutierung
Totschwätzer
Seelenfänger
Dr. Frankenstein

Abgesang
Friedhofsjodler

Kundenservice

Quälgeister
Griesgrame
Giftzwerge
Schreckgespenster

Restaurant
Igor der Bückling
Giftmischer
Satansbraten
Ausgeburten der Hölle
Leichenschänder

Kasse
Geisterbahnschaffner
Geizknochen

Lieferservice
Geisterfahrer
Plagegeister

Altenheim
Friedhofsdeserteure
Grottenolme
Gewitterhexen
Vampire

9

Staub aufwirbeln

Auf einer Beerdigung unterhalten sich zwei Gäste, sagt der eine: „Also der Hans war schon eine Nummer. Bei allem, was er gemacht hat, hatte er immer für viel Aufregung und Action gesorgt." In diesem Moment stößt einer der Anwesenden den Sockel, auf dem die Urne des Verstorbenen steht, um und das Gefäß fällt mit großem Getöse auf den Boden wo sich die Asche meterweit aus dem zerborstenen Behältnis in alle Richtungen verteilt. Meint der eine Gast noch ergänzend: „Ja schau, selbst im Tod muß er noch so viel Staub aufwirbeln."

Carpe Diem !

© Theo von Taane

Im Solarium

© Theo von Taane

Alternative IT – Buchstabensuppe in der Druckerkartusche!

Anzeige in Computerzeitung

Suche dogging station für meinen Virus Guard.

Windig

„Meine Güte, ist das windig heute!"

„Ja, du hast Recht, ich hatte nur kurz die Fenster auf und schon sind meine ganzen ebooks durcheinander gewirbelt."

Gesucht wird....zu besetzende Jobs aus der IT Branche:

- Aushilfsgeist bei Pac Man
- Fahrradkurier bei Google Mail
- Erntehelfer bei Apple
- Vogelfutterlieferant für Angry Birds
- ipad-Testtrinker bei Senseo
- Tischler in einer Festplattenfabrik
- Webdesigner in einer Spinnerei

- Briefmarkenkleber bei Google Mail

- Statist bei Google earth

Lieben Sie die Natur? Dann werden sie doch Gärtner im Internet. Es erwarten sie die folgenden Tätigkeiten:

- Wässern der Verzeichnisbäume

- Wurzelpflege im root Verzeichnis

- Zusammenharken von Datenblättern

- Bit-Ernte im overflow

- Bekämpfung von Bugs im Datenfeld

- Beschneidung von wildgewachsenen Rechten

- Eröffnung von Girokonten bei der Datenbank

- Kompostierung von Datenmüll im Desktop Papierkorb

- Zu langgewachsene Dateinamen im Datenshredder häckseln

- Verschobene Dateien mit Byteketten abstützen

- Annual lea(v)fes aus dem Datenpool fischen

- Abtransport beschnittener network branches im Datenbus

- Sprengung von Datenfeldern

- Lagerung von apple Dateien im Hauptspeicher

Terroristen

Achtung, Terroristen erobern heimische PCs!

Nach neuesten Informationen kommt es wieder vermehrt zu Anschlägen auf Tastaturen heimischer PCs. Prophylaktisch wird den Nutzern die Entfernung der Keyboardtasten empfohlen. Eine Lösung für User von Tablet PCs ist momentan noch nicht in Sicht.

Vogelfreunde

Minecraft – Auf der Baustelle

„Hast du schon gehört, dass Kinder ab sofort nicht mehr Minecraft spielen dürfen?"

„Nein, wieso denn?"

„Na, nach dem letzten Update tauchen in Minecraft überall Schilder auf mit der Aufschrift: ,Baustelle – Betreten verboten – Eltern haften für ihre Kinder."

Internet abgebrannt

Internet abgebrannt: Der verzweifelte Versuch noch sämtliche Dateien zu löschen brachte keine Besserung.

Roter Vogel

Der rote Vogel von Angry Birds ist gestern gestorben. Internet nun ohne Brandschutzhelfer!

Postbote

Unser Postbote ist vielleicht schlampig, letztens hat er doch glatt beim Austragen meine e-mails in eine Pfütze fallen lassen. Aber das habe ich mir nicht gefallen lassen und ihm eine schallende Ohrfeige gefaxt.

Angry Birds

Kennen Sie Angry Birds? Dieses Computerspiel, wo kleine bunte, kugelrund fette Vögel sich nacheinander vom einem riesenhaften Katschi kamikazehaft auf grüne Schweine oder deren zerbrechlichen Behausungen schleudern lassen und anschließend rückstandslos verpuffen?

Wie unglaubwürdig ist das denn?

Jeder weiß doch, dass Schweine nur noch Häuser aus Stein bauen, denn das haben sie damals unter großen Verlusten aus ihrer Begegnung mit dem großen bösen Wolf gelernt.

IT Archäologie

Nach jahrelangen Forschen des Fraunhufer Instituts konnte das sogenannte Ur-Bit identifiziert werden. Das Ur-Bit ist das erste Bit weltweit und konnte nach langer Ein- und Ausschaltjagd aus einem alten Transistor auf einen USB-Stick in komprimierter Form extrahiert werden.

Das Ur-Bit in seiner Klarheit könnte helfen, die verschiedenen Zustände eines Bit besser zu verstehen.

Umweltschutz

Green IT ruft alle User zu mehr umweltgerechtem Verhalten am Computer auf. Nicht entsorgte Datenleichen und alter Datencode führen wieder vermehrt zu Staus auf der Datenautobahn und überfüllten Datenbussen.

Bitte beachten, die Entsorgung von blauen Bits bringt diese Woche extra Pfandpunkte.

*************** **Internet Neuigkeiten** ****************

Klammeraffe

Erstmals ist unter kontrollierten Bedingungen die Züchtung von Klammeraffen gelungen. IT Verband dazu: „Züchtung von Klammeraffen in Fettdruck jetzt nur noch eine Frage der Zeit."

Smiley

Sensation: Foto des ersten freilaufenden Smileys aufgetaucht. Kritiker vermuten allerdings eine Fotomontage.

Hauptspeicher

Illegale Mäusezucht im Hauptspeicher entdeckt. Verband spricht von Skandal und Spitze des Eisbergs.

Azubi

IT Verband fordert Azubipflichtjahr in der Fleischerei für angehende Hacker.

Aufgedeckt

Entwarnung. User atmet auf. Pickel auf Facebookseite waren kein bösartiger Virusbefall, sondern wurden als Essensreste auf dessen Monitor identifiziert.

Der letzte Schrei

Schenken Sie das Besondere: Stabile Bitketten mit blinkenden public key Anhänger!

Auf frischer Tat ertappt

Gestern Nacht wurden drei Raubkopierer beim Versuch, Tonerkartuschen und Kopierpapier aus einem IT Store zu stehlen, auf frischer Tat ertappt. Laut Polizeibericht wurde nach Zugriff sofort die Stromzufuhr der räuberischen Geräte gekappt.

Rückgabe

Rückgabe von ausgeliehenen Lastenträgern via Internet so einfach wie noch nie durch bloßes Drücken der Taste „Carriage Return".

Tierschutzverein

Tierschutzverein fordert Naturschutzbereiche für gefährdete Viren- und Trojanerarten auf jedem PC.

Vatikan

Vatikan atmet auf: Teuflischer Hexadezimalcode durch Exorzismus erfolgreich in den Bootsektor verbannt.

Ärzte

Ärzte schlagen Alarm. Dramatischer Anstieg der e-mail Clients in den Patientengruppen. Ärzte sprechen von Bug- und Viren geplagten Systemen. Sie klagen über Wissensdefizite in der Symptom- und Ursachenbekämpfung. Als Zwischenlösung empfiehlt die Ärztekammer das Ausdrucken und Zerreißen von infizierten e-mails.

Minecraft – Blockdisaster

„Minecraft Spieler weltweit sind verzweifelt. Über Nacht haben Unbekannte alle Blöcke gestohlen. Es wird nun intensiv nach mit Bausteinen beladenen Lastwagenkolonnen Ausschau gehalten. Hersteller spricht von einem historisch einmaligen Raubzug und gelobt Besserung beim nächsten Update."

Bonap Petit – Heute gehen wir Fremdessen!

Würze

„Hallo Herr Ober, was soll denn das jetzt? Wir haben noch lange nicht aufgegessen und Sie räumen bereits wieder die Teller ab?" Darauf der Ober:

„Aber mein Herr, Sie wissen doch, in der Kürze liegt die Würze."

Kanibal's Diner

Im Kanibal's Diner sollten sie aufpassen wenn Sie um Ihre Hand gebeten werden, denn heute ist Hand-shake im Angebot!

Zur Mittagszeit werden sie vermutlich cool abserviert mit dem Auftischen einer kalten Schulter. Zwischendurch gibt es Fingerfood, aber Achtung verzichten Sie hier lieber auf eine Nagelprobe.

Als Spezialität wird noch heißer Frosch im Hals angeboten zusammen mit gefüllten Riechkolben an Ohrenschmalz.

Zum Abschluss gibt es noch einen zünftigen Menschenauflauf „Allerlei", garniert mit erstarrten Augen als frischer Blickfang von der Augenweide.

Restaurant

Der Ober zum Gast:

„Und was darf es sein? Zu Beginn ein stilles Wasser vielleicht?". Darauf der Gast:

„Um Gottes Willen, natürlich nicht. Wollen Sie mich umbringen?" Darauf der Ober:

„Entschuldigen Sie mein Herr, ich verstehe nicht ganz." Darauf wieder der Gast;

„Na Sie wissen doch, stille Wasser sind tief und ich bin Nichtschwimmer!"

Connaisseur

Im Restaurant der Gast zum Ober: „Herr Ober, das Fleisch schmeckt schön kräftig, da kann man sich den springenden Hirsch geradezu vorstellen." Darauf der Ober:

„Nein mein Herr, soweit ich den Koch verstanden habe, passt hier eher der Vergleich mit der fliehenden Ratte."

Jobs rund ums Essen

- Hut Designer bei Pizza Hut
- Geschäftsführer einer entenhausener McDonalds Filiale
- Erbsenzähler bei Bonduell
- Navigator bei Käptain Iglo
- Dauerlutscher bei Campino

- Ulknudel im Kochkurs
- Schießbudenfigur bei Weight Watcher
- Schweinepriester im Schlachthaus
- Fettnäpfchentreter bei Siebenschuh
- Fischgrätenentferner beim Muschelzüchter
- Reiskornpeller bei Uncle Bens
- Testfrierer bei Frosta
- Zentralverriegeler bei Duplo

Eisherstellung

Sagt der Eisproduzent zum Kunden:

„Also gemäß Ihren Forderungen muß das Eis was wir für Sie herstellen sollen, folgenden Anforderungen gerecht werden:

- 100% biologisch abbaubar
- muß frei sein von künstlichen Farb- und Aromastoffen
- darf keine Kalorien beinhalten
- muß allergisch unbedenklich sein

    Und dazu noch erfrischend & durststillend.

Hier kommt im Grunde nur ein Produkt in Frage was ich empfehlen kann."

Kunde: „Und welches?"

Eisproduzent: „Ein Eiswürfel am Stiel."

Der neue Zaun

Beschwerden über das Essen

Im Krankenhaus der Arzt zur Patientin: „Frau Schulze, Ihre Beschwerden über das schlechte Frühstück werden vielleicht bald ein Ende haben." Darauf die Patientin:

„Wieso, gibt es endlich den Fruchtjogurt den ich die ganze Zeit schon haben wollte?" Darauf wieder der Arzt:

„Nein, das nicht, aber Sie werden noch heute ins Sterbezimmer verlegt."

Küchenjob

Küchenchef: "Ja, Frau Schulz, Sie haben den Küchenjob." Bewerberin:

"Super, vielen Dank, bestimmt wegen meines ungewöhnlichen Spezialrezeptes für die Marinade?" Küchenchef:

"Nein, aber ihre Hände sind so rauh, dass sie die Fische doppelt so schnell abschuppen als alle Anderen."

Hals- und Beinbruch

© Theo von Taane

25

Küchenablauf

In den Küchen unserer Restaurants in Deutschland wird mit *Pfeffer* morgens die Arbeit begonnen, mittags *lachs* gearbeitet bei der Zubereitung desselben Gerichts, am Nachmittag dann, mehrfach *abgehangen* und abends gibt es vom Küchenchef Lorbeerblätter für die Hilfsköche, wenn die Gerichte *'well done'* waren

Haute Cuisine

Wussten Sie, dass die besten haute cuisine Gerichte entstehen, wenn sie dessen Grobzutaten in purierter Form durch den Freiraum zwischen dem Backen passieren und anschließend in knetartiger bräunlicher Konsistenz dampfend wieder aushärten lassen?

Schinken

Wussten Sie schon, dass wenn Sie in einem Restaurant einen alten Schinken ''Müllerin-Art' bestellen Sie kein pompöses Altwerk aus der Kunstmalerei serviert bekommen?

Weinernte

Wussten Sie schon, dass sich eine 'Weinernte' nicht über den Jahrgang, sondern über die Traurigkeit in direkter Korrelation zur Quantität der geernteten Früchte definiert mit oft frustrierendem Nachgeschmack für die Bauern im Abgang?

Fische

Wussten Sie schon, dass sich 'kalte Fische' abgeschreckt am besten ausnehmen lassen, und so mancher beim anschließenden Passieren noch rücklings mit einem Fischmesser tranchiert wurde?

Bewährtes

Nach mehreren Fehlversuchen mit youtube ist Küchenchef Delaitre jetzt wieder auf Meerrettichtube umgestiegen.

Tellerprobe

Wussten Sie schon, dass auch die erfahrensten Mitarbeiter der Bundeswehrküche bei der Tellerprobe von einer Riech- und Geschmacksprüfung Abstand nehmen, wenn die neuen Rekruten das erste Mal zur Tellerminensuche auf das Feld geschickt wurden?

Eingebungen

Unterhalten sich zwei Freunde, sagt der eine:

„Also meine Frau ist derzeit auf einen ziemlich psychodelischen Trip und hat immer öfters diese großen Eingebungen." Sagt der andere:

„Da ist meine Frau ganz bodenständig, aber große Eingebungen hat sie auch, sogar täglich und zwar immer zur Mittagszeit in Form von Essen.

Im Musikgeschäft

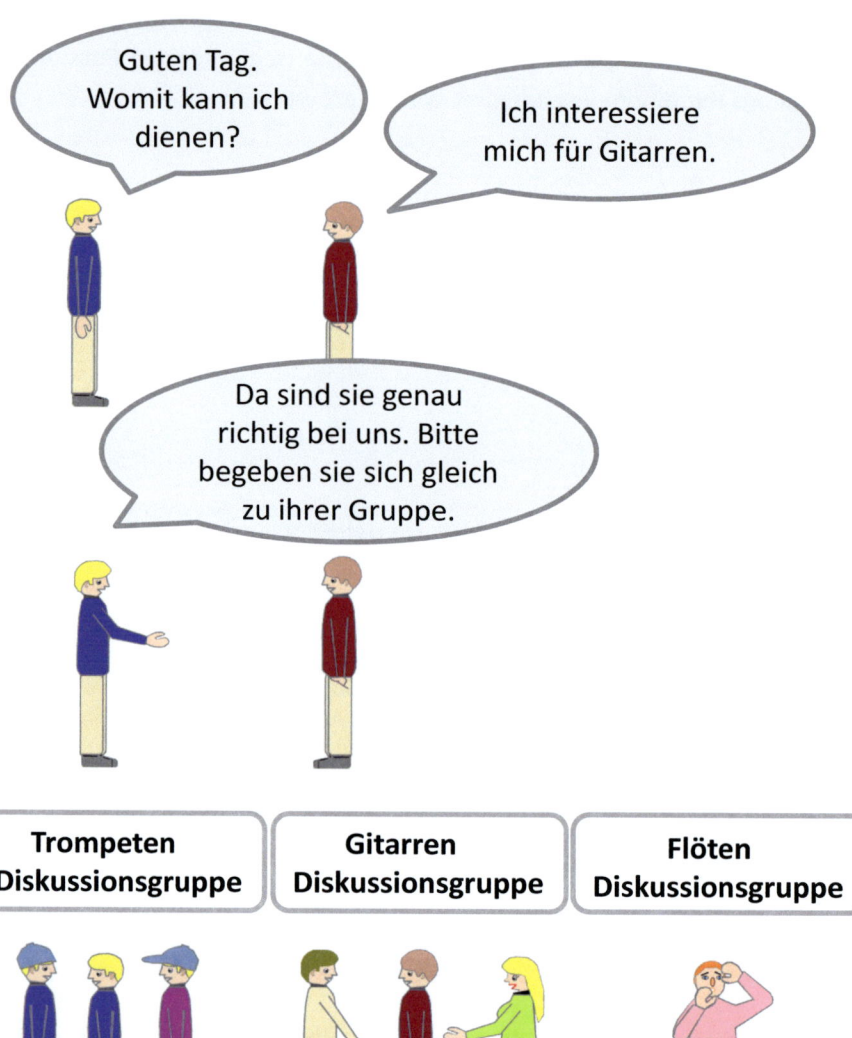

Küchenhilfe gesucht

Die 9 goldenen Regeln für Küchenchefs

Regel 1: Technisches Wissen

Gute Computer und Internetkenntnisse sind ausdrücklich erwünscht. Nutzen Sie Ihr Fachwissen zur just-in-time Eruierung von delikaten Details über Gäste im Internet um eventuellen Beschwerden gleich von Beginn an mit Schaffung einer vertrauensvollen Basis aus geteiltem Wissen deeskalierend begegnen zu können. Entwickeln Sie sich zur omnipotenten Wissenssenke mit aktiven Kundenmanagement und überraschend hohen shared wallet Effekt !

Regel 2: Küchenpersonal

Zur Führung des Küchenpersonals ist das Beherrschen von archaisch geprägten und eindeutig verständlichen Gesten und Lauten wichtig, da Sie ein international gemischtes Team mit unterschiedlichen Sprach- und Verständnishorizont steuern. Verstehen Sie sich quasi als Paul Bocuse des Turmbaus zu Babel. Nutzen Sie Ihr Talent als Motivationscoach, um der Belegschaft deutlich zu machen, dass Ihr Vertrauen parallel zur beschwerdefrei erbrachten Arbeitsleistung wächst und Vertrauen die Basis für einfach alles ist, auch für die Rückgabe der Ausweise.

Rege 3: Beschaffungstalent

Deal or no deal? Gefordert ist ein ausgeprägtes Talent zur Beschaffung von geheimnisvollen, inländisch nicht erhältlichen Zutaten zur Erzeugung einer exklusiven Genussstimmung. Verwandeln Sie den Essvorgang in ein rauschendes

Fest der Sinne. Entdecken Sie eine nie gekannte Treue der Gäste mit unbändigem Verlangen nach mehr. Verstehen Sie sich als Pate einer neuen großen Familie die ihr Kindergeld selbst erwirtschaftet!

Regel 4: Jagdinstinkt

Praktische Erfahrungen und einschlägige Kenntnisse im Fallenstellen und Fährtenlesen zum erfolgreichen Jagen und Erlegen von Ratten sowie anderen Nagetieren in und um den Küchenbereich sind ein Muß. Leben Sie ihren Jagdinstinkt voll aus und verhelfen sie diesen gefährdeten Tierarten mit ‚schlagkräftigen Argumenten' zu dem Schicksal, das sie verdient haben.

Regel 5: Hundefangtechniken

Sind Sie auf den Hund gekommen? Falls Sie fundierte Erfahrungen als Hundefänger haben, sind Sie auf dem richtigen Weg. Diese Fähigkeiten werden Ihnen im Rahmen des Beschaffungsmanagements bei Zubereitung chinesischer Gerichte nach Originalrezept von großer Hilfe sein.

Regel 6: Umgang mit Grobmotorikern

Können Sie konsequent und effektiv auch in Ausnahmesituationen durchgreifen? Verstehen Sie es geschickt, verhaltensauffällige Grobmotoriker mit steigender Tendenz zur Lärmbelästigung schnell unter Kontrolle zu bekommen? Seien Sie gewappnet vor dieser besonderen Kundengruppe die keine Gelegenheit auslässt, mit unvorhersehbaren Verhaltensmustern und unangenehmen Getöse Sie und die übrigen Gäste in den Wahnsinn zu treiben. Nehmen Sie die Zügel fest in die Hand und treiben diese monströsen Elemente mit harter Hand zurück in die Kinderecke. Zeigen sie wer Herr im Haus ist (drohen sie notfalls mit der Wegnahme von Stift und Papier)!

Regel 7: Horizontales Gewerbe

Falls Sie über mehrjährige Erfahrungen im horizontalen Gewerbe verfügen, ist dies nicht als Nachteil zu verstehen, sondern ganz im Gegenteil es komplettiert ihr Profil. Setzen Sie Ihr besonderes Talent situativ passend zur professionellen Begegnung von Kundenbeschwerden ein. Beeinflussen Sie Betriebsprüfungen zu Ihren Gunsten, indem Sie geschickt Gelegenheiten nutzen, dem Prüfer Ihre ungeahnten Qualitäten in der Erstellung von lustvollen "Gerichten" durch aktive Einbindung hautnah selbst erleben zu lassen. Machen Sie Ihre Wirkstätte zur Begegnungsstätte mit Knalleffekt!

Regel 8: Körperkraft

Große körperliche Stärke und/oder einschlägige Kenntnisse in Selbstverteidigung sind unabdingbar. Bereiten Sie sich auf nie enden-wollende *Begeisterungsanstürme* Ihrer Gäste vor. Seien Sie das Bollwerk, das Ihre Küche vor den emotionalen Einwirkversuchen der Kunden abschirmt. Nehmen Sie das Zepter in die Hand und erteilen Sie feste aber gut platzierte Ratschläge und zwar immer wieder, bis auch der letzte Gast durch schlagende Argumente ruhig gestellt wurde. Seien Sie der König, der sich schützend vor seine Untertanen stellt. Ihr Küchenteam wird Ihnen ewig dafür Tribut zollen (müssen).

Regel 9: Kreativität

Lieben Sie das Besondere in ungewöhnlichen Situationen? Gefordert ist ein überdurchschnittlich hohes Maß an Kreativität. Experimentieren Sie mit Resten der letzten Tage und Wochen und schaffen Sie so neue nie gekannte Tagesgerichtskreationen. Verblüffen Sie die Gäste mit raffinierten Variationen Ihres bestellten Gerichtes, indem sie passend hierzu Reserven von nicht leergegessenen Tellern mit einbauen. Erleben sie spontane Reaktionen der Gäste auf Ihre kulinarischen Leckereien. Stehen Sie bereit, wenn der sogenannte 'Rückführungseffekt' mit vollständiger Erleichterung den Start in eine gesunde Heilfastenkur markiert und dokumentieren Sie den Erfolg mit entsprechenden Fotos. Nutzen Sie ihr Gespür für verdeckt ausgesendete Signale und machen Sie sich einen Namen als Dr. Dolittle der Gastronomie. Helfen Sie denen, die nicht wissen, dass sie Hilfe benötigen (oder wollen).

Speisekarte: verrückte Gerichte

- o   Satansbraten – höllisch heiß serviert

- o   Gut durchgeblinzelte Fettaugen

- o   Frisch verbrühter Hanswurst an Schmalzlocke

- o   Heisse Knallerbsen im Sprengmantel

- o   Kartoffelsuppe mit blanchierten Suppenkaspar

- o   Racheakt kalt serviert

- o   Ausgekochtes Schlitzohr

- o   Feige Ratte im eigenen Saft

- o   Himmelhund süß-sauer

o   Menschenauflauf (nur frische Zutaten!)

o   Knallschote mit einem Schuß blaue Bohnen

o   Flotter Hecht an Sugar Babe

o   Mit Fischfinger gespickter Käptain Iglo

o   Knackfrische Wurstfinger im eigenen Hautmantel

o   Laufende Rotznase mit Fettnäpfchendip

Wasser

Im Restaurant der Gast zum Ober:

„Herr Ober das Wasser war wirklich ausgezeichnet, etwas bitter zuerst aber dann süßlich im Nachgeschmack. Könnten Sie bitte noch eine Karaffe bringen?"

Darauf der Ober:

„Da muß ich 'mal nachschauen, aber der Nebentisch ist gerade frei, da kann ich Ihnen ja gleich die Vase rüberreichen, die verwelkten Blumen nehme ich natürlich wieder vorher 'raus."

Besteck

Gast: "Hallo Herr Ober, großes Lob an Ihr Besteck, endlich mal eine Gabel, mit der man das Fleisch vollständig durchstechen kann." Ober:

"Oh ja, da können die Ratten ein Lied von singen."

Der ‚Glückspilz'

35

Relativitätstheorie – Beziehungsgeflechte und andere Strickmuster!

Morgentoilette

Morgens im Bad bei ihr in der Wohnung. Die Freundin ist nebenan in der Küche und er seift sich gerade sein Gesicht ein und ruft:

"Schatz, der Waschlappen ist wirklich toll, schäumt großartig und doch fest in der Struktur." Darauf sie:

"Ja, daher nehme ich ihn auch immer um das Katzenklo zu reinigen."

Neues Kleid

„Hübsch dein neues Kleid. Ich glaube aber nicht, dass es deinem Mann gefallen wird. Warum nicht? Na, ich habe letzte Woche eine Blondine zusammen mit deinem Mann aus dem Auto aussteigen sehen und die trug genau das gleiche Kleid wie du, nur völlig zerrissen. Da muss man doch nur eins und eins zusammenzählen."

Passende Kleidung

Bewundernswert wie du Deinem Stil treu bleibst. Es wird auch völlig überbewertet, dass die Farben der Kleidung aufeinander abgestimmt sein sollten, rein funktional hast du den großen Vorteil eines hohen Wiedererkennungswertes...zumindest, wenn man an den Zirkus denkt.

Auf dem Weg zum Schafott

Body

Wenn Ihre Frau Ihren tollen body lobt und gleichzeitig von freier Liebe spricht, stellen Sie sicher, dass sie auch wirklich 'body' und nicht den 'buddy' meint.

Haarwuchs

Wussten Sie, dass Haare auf den Zähnen einer Frau durch das gezielte Nehmen von Mitgift in hohen Dosen gemildert werden kann, selbst dann wenn die Chemie nicht stimmt?

Hochzeit

Alles Gute zu deiner Hochzeit mit Tom. Ich finde übrigens, dass dein Gatte ein wirklicher Charakterkopf mit klassischem Seitenprofil ist. Letztens habe ich doch genau so einen im Fernsehen bei 'Deutschland sucht den Superstar' gesehen oder wie heißt nochmal die Sendung, wo man Belohnungen erhält, wenn man gesuchte Personen wiederfindet?

Aufheizen

Eine klamme Beziehung mit Zeigen der kalten Schulter könnte durch das Entfachen einer Beziehungshölle enorm an Wärme gewinnen, gerade auch, wenn dieser eine heiße Affäre als Brandbeschleuniger zugeführt wird.

Ein Bund fürs Leben

Wenn Männer von sich aus vom Bund fürs Leben sprechen und im selben Atemzug auch noch von Sehnsucht und Geborgenheit, sollten sie sicherstellen von welchem 'Bund' gerade gesprochen wird.

Dreiecksbeziehung

Eine Dreiecksbeziehung ist ein polygamisches Konstrukt bei dem die Protagonisten monogamisch in zwei Richtungen agieren und über die Hypotheschmuse miteinander vereint werden.

Platonische Liebe

Wussten Sie, dass platonische Liebe durch Kondome korrupiert werden kann, vor allem, wenn durch scheinbar frigides Techtelmechtel die angestaute Enthaltsamkeit ihren gummierten Höhepunkt dann im Besuch einer Prostituierten finden muss?

Liebesbeziehung

Eine heiße Liebensbeziehung zweier Menschen kann sich im Vergleich zum Verlauf der Reifegradentwicklung von Weinen kongruent entwickeln, insbesondere, wenn der Liebespfeil von Amor anfangs nicht vollständig oder nur einseitig traf und damit zu einer für die meisten Menschen gefühlstechnisch zu langen *Amor*tisationsdauer geführt hat.

Kohle

Wussten Sie schon, dass das Verheizen von Kohle nicht zwangsweise zu einer Temperaturerhöhung führen muß, sondern z.B. auch seinen Effekt in einer emotional ansteigenden Hitzeentwicklung einer Beziehung finden kann, insbesondere, wenn Verheizer und Partner nicht ein und dieselbe Person sind?

Jobs im Beziehungsbusiness

- Verkehrspolizist in einem Bordell
- Schwarzarbeiter im Darkroom

Körperertüchtigung – Ich lauf dann mal weg!

Krafttraining

Unterhalten sich zwei Frauen nach absolvierten Krafttraining, sagt die eine:

„Mensch, dein Body ist echt Klasse. Das intensive Krafttraining mit dem neuen Heimtrainer hat sich gelohnt. Und in den Boxershorts kommen deine Beinmuskeln so richtig zur Geltung. Da hat Dir dein Mann 'mal genau das Richtige gekauft, und dass er dir noch Rasierklingen und Pinsel geschenkt hat und über eine Geschlechtsumwandlung nachdenkt finde ich nun wirklich süß von ihm."

Boxkampf

Ich finde es ja toll, dass du den Boxkampf gewonnen hast, aber das der Schiedsrichter deinen Gegner beim Auszählen noch mit dem Fuß auf dem Boden gedrückt hat und seine Tochter seit drei Tagen vermisst wird, muss ja nicht irgendetwas bedeuten.

Reitsport

Gerade auch im Reitsport kann ein ungeschickt ausgeführter Seitensprung zu einer Sportverletzung mit Trennungsschmerz führen, insbesondere wenn der Rittmeister seine Aufgabe sowohl auf als auch an der 'Stute' versteht.

Willi

Radrennen

Radrennen. Der Vater eines Teammitgliedes kommt zu spät und fragt den Trainer: „Na, wie läuft es, liegt unser Team vorne?" Der Trainer sauer:

„Nein sie sind allesamt zurückgeblieben...und hinten liegen sie auch noch."

Jagdsport

Im Winter. Ein Jäger zum anderen: „Und warst du erfolgreich und hast etwas geschossen?" Darauf der andere:

„Na ja ging so, zwei Füchse und dieses... wie heißt nochmal dieses große träge Tier mit weißem Fell und einer Mohrrübe als Nase?"

Verrückte Jobs

- Trittbrettfahrer auf dem 10 Meter Turm
- Reservist beim Messerwerfer
- Simulant bei Crash Tests

- Fallensteller für Jagdwurst
- Spaßbremser in der Formel 1
- Geisterfahrer bei Crash Tests
- Perlentaucher im Frauenbecken
- Testläufer bei Duracell

Abenteuer Tierpark – Brusthaarrasieren im Affenkäfig!

Im Tierpark - Übersichtsplan I

Vögel

Schnapsdrossel
Pleitegeier
Pechvogel
Galgenvogel
Bordsteinschwalbe
Hupfdohle

Glucke
Lahme Ente
Blöde Gans
Vogelscheuche
Nebelkrähe
Rabenaas
Dreckspatz

Laubenpieper
Hodenbussard
Grünschnabel
Unglücksrabe
Solariumgrillhenne

Land- und

Weicheigehege

Fische und Amphibienhaus

Kredithai
Backfisch
Rindenmulch
Kackfrosch

Fischkopp
Knallfrosch
Brillenschlange
Lustmolch

© Theo von Taane

Schweine und Säue

Saupreuss
Mistsau
Schweineigel
Kameradenschwein
Pottsau
Saubär
rasende Wildsau
Charakterschwein

Sparschwein
Linke Sau
Miss Piggy
Wollmilchsau
Schweinehudel
Drecksau
Schweinchen Dick
Alte Sau

✝ Schweinepriester   Schweinehirte

Zoo Futter Depot

Kotzbrocken

Kanonen-Futter

Im Tierpark - Übersichtsplan II

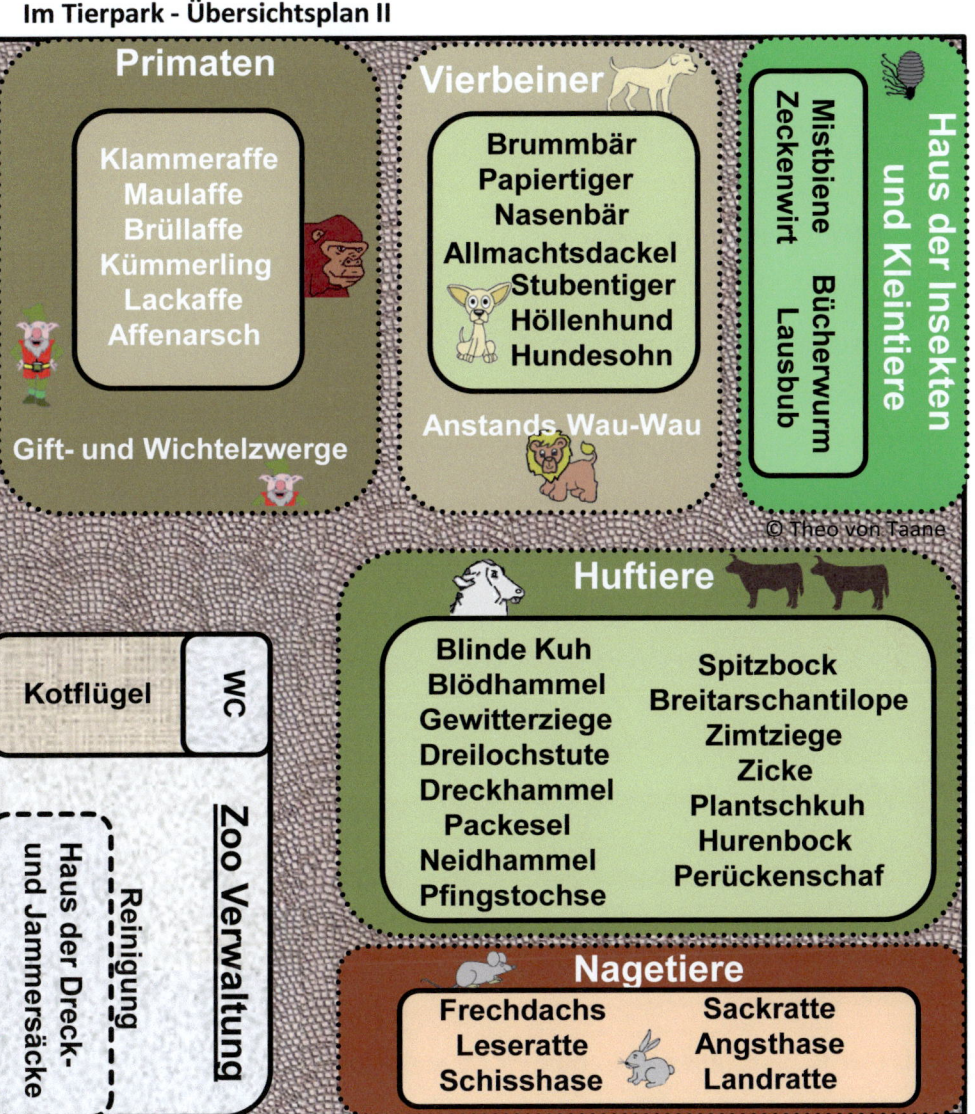

Primaten

Klammeraffe
Maulaffe
Brüllaffe
Kümmerling
Lackaffe
Affenarsch

Gift- und Wichtelzwerge

Vierbeiner

Brummbär
Papiertiger
Nasenbär
Allmachtsdackel
Stubentiger
Höllenhund
Hundesohn

Anstands Wau-Wau

Haus der Insekten und Kleintiere

Mistbiene
Zeckenwirt
Bücherwurm
Lausbub

© Theo von Taane

Huftiere

Blinde Kuh
Blödhammel
Gewitterziege
Dreilochstute
Dreckhammel
Packesel
Neidhammel
Pfingstochse

Spitzbock
Breitarschantilope
Zimtziege
Zicke
Plantschkuh
Hurenbock
Perückenschaf

Kotflügel

WC

Zoo Verwaltung

Reinigung

Haus der Dreck- und Jammersäcke

Nagetiere

Frechdachs
Leseratte
Schisshase

Sackratte
Angsthase
Landratte

Jobs rund um Tiere

- Hundetrainer in einer Seehund-Aufzuchtsstation
- Vorkoster bei Lassie
- Amokhase bei Duracell
- Pausenclown im Flohzirkus
- Zuchtexperte für Rindenmulche
- Lochstanzer bei Frolic
- Exkrementor auf der Biofarm
- Drehwurmzüchter für Waschmaschinen
- Glühwürmchenzüchter bei Osram
- Pissnelke bei Gardena
- Feuerteufel bei der GASAG
- Testaffe bei der NASA

Im Zoo

Eine ältere Dame geht ganz nah an das Affengehege heran, um sich die Tiere genauer anzuschauen zu können. Da entdeckt sie einen Affen, der gerade dabei ist, mit einem Besen die Essensreste zusammen zu kehren. Erstaunt sagt sie:

„Das ist ja unglaublich!". In diesem Moment dreht sich der Affe um und entgegnet mit tiefer sonorer Stimme:

„Bitte treten sie zurück, halten sie den Sicherheitsabstand zum Käfig ein und vergessen sie nicht: Füttern ist verboten!"

Die Frau ist sichtlich geschockt und läuft schreiend davon.

Da ruft der Wärter von der anderen Seite des Geheges:

„Peter, auch wenn die Tiere dich in diesem Kostüm besser akzeptieren, ich habe dir schon tausend mal gesagt, sprich nicht so zu unseren Besuchern."

Freie Tiere

Im Zoo. Ein Mann läuft aufgeregt den Weg entlang und ruft:" Es sind Tiere frei, Achtung es sind Tiere frei." Das sieht einer der Zoowärter, der den Mann sofort stoppt und fragt:

„Um Gottes Willen, welche Tiere laufen denn frei herum?" Darauf der Mann:

„Na, da hinten neben der Sitzbank direkt am Weg, da sind sie zu Hunderten, ach, was sag ich zu Tausenden, diese verfluchten Ameisen!"

Zoofachgeschäft

Fritzchen ist mit seiner Mutter in einem Zoofachgeschäft, um sich einen Fisch für sein neues Aquarium auszusuchen, da spricht ihn der Verkäufer an:

„Na junger Mann hast du dich schon entschieden welcher Fisch es sein soll?" Darauf die Mutter zu Fritzchen:

„Nimm doch einen der Goldfische." Darauf Fritzchen:

„Ach die sind doch total langweilig. Ich möchte den lila-schwarzen Fisch." Fragt der Verkäufer:

„Welchen genau meinst du?" Darauf wieder Fritzchen:

„Na der dort drüben, der einzige der auch auf dem Rücken schwimmen kann."

Alien Hystery im Zoo!

Gestern kam es im Zoo zu panikartigen Reaktionen bei den Besuchern nachdem eine Person aufgeregt und laut schreiend durch den Zoo lief und immer wieder „Alien!", „Alien!" gerufen hatte. Nach näherer Untersuchung handelte es sich bei dem Besucher um einen Engländer, der offenbar zum ersten Mal einen Zoo mit Freilandgehege besucht hatte und irrtümlich dachte, dass dieses Gehege keinen Schutz für die Besucher bot. Er hatte versucht die anderen Besucher durch die Warnrufe ‚A Lion' ‚A Lion' vor der vermeintlichen Gefahr zu warnen.

Tiere raten

1.

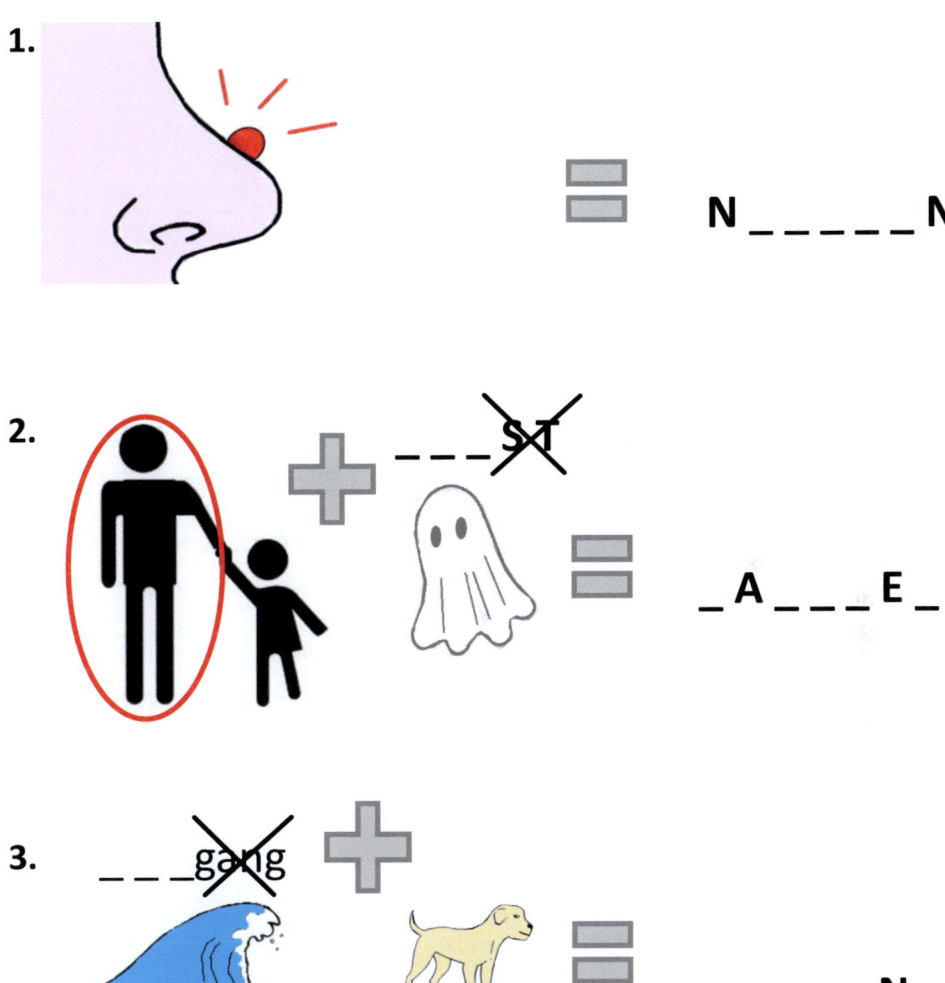

N _ _ _ _ _ N

2.

_ A _ _ _ E _

3.

_ _ _ _ _ N _

1. NASHORN 2. PAPAGEI 3. SEEHUND

4.

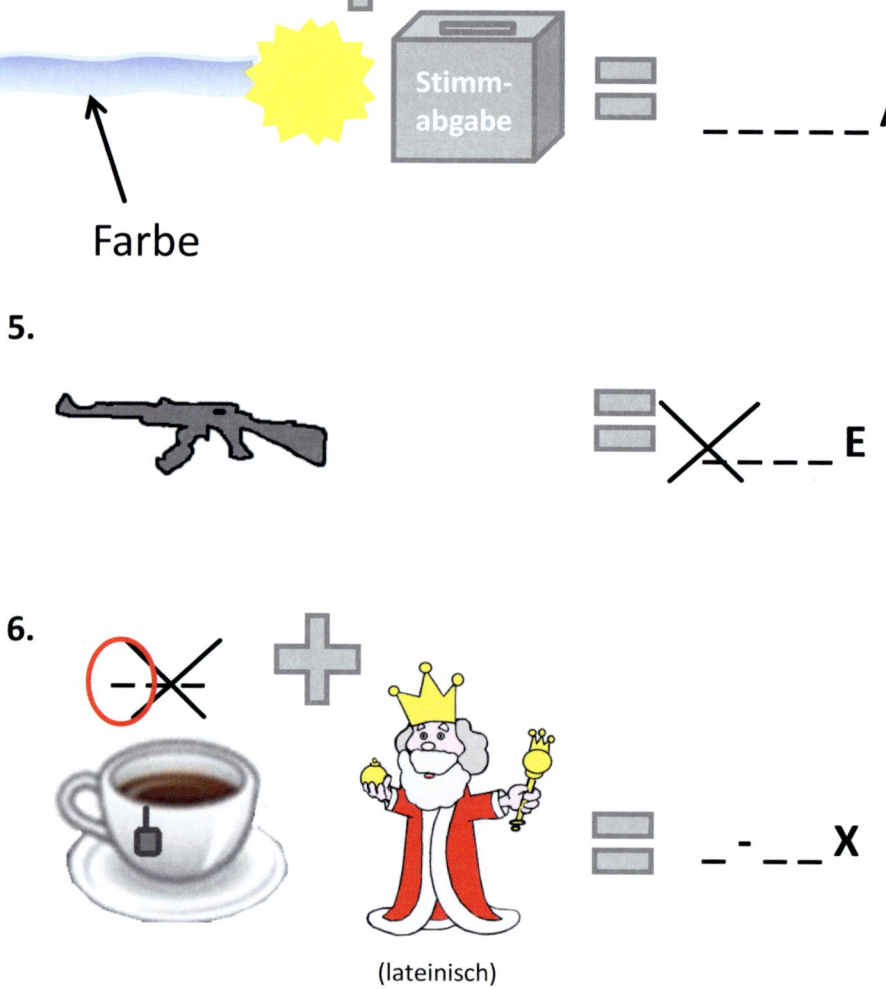

Farbe

_ _ _ _ _ A _

5.

_ _ _ _ E

6.

(lateinisch)

_ - _ _ X

7.

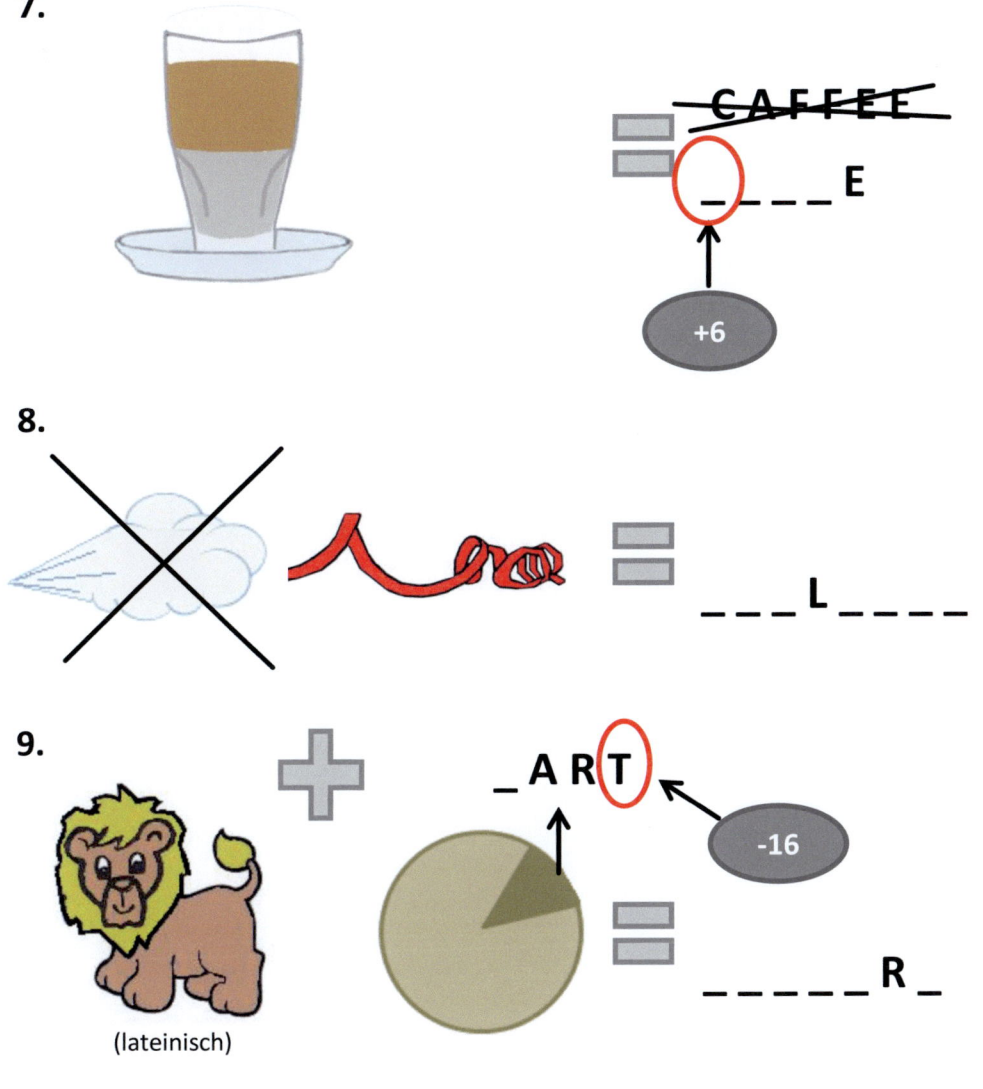

C̶A̶F̶F̶E̶E̶

_ _ _ _ E

+6

8.

_ _ _ L _ _ _ _

9.

_ A R T

-16

_ _ _ _ _ R _

(lateinisch)

7. RATTE 8. SCHLANGE 9. LEOPARD

10.

not out, but _ _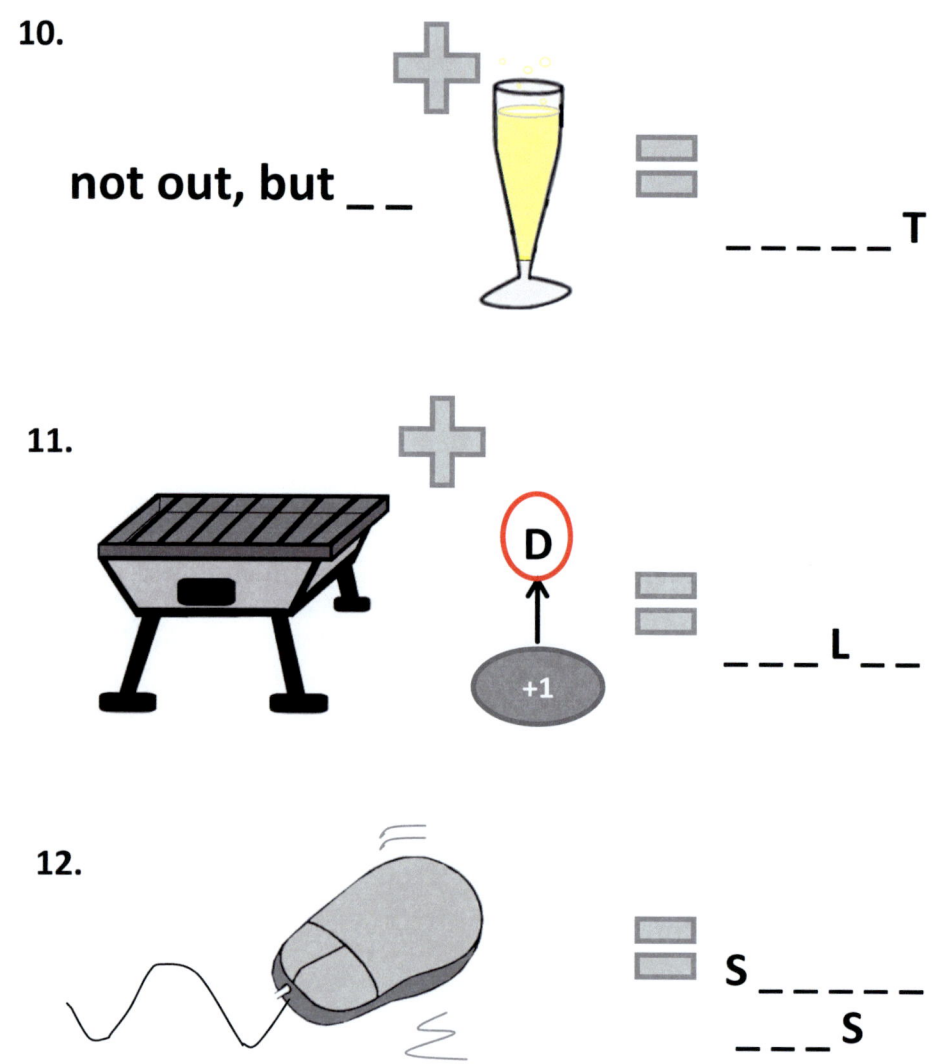

_ _ _ _ _ _ T

11.

_ _ _ L _ _

12.

S _ _ _ _ _ _
_ _ _ S

Wissen schafft Platz – Grobe Hammerschläge auf schmalspurige Intelligenzbolzen!

Wissenswertes - Wussten Sie schon....

- o   dass Zwerge mit ihren Aufgaben wachsen?

- o   dass Sie Retourkutschen ab sofort nur noch nutzen dürfen, wenn der Rückweg dem Hinweg entspricht?

- o   dass die aus einem Meeting erworbenen Checkpunkte von Banken nicht als offizielles Zahlungsmittel akzeptiert werden?

- o   dass Brillenträger als Berufsbild offiziell anerkannt wurde und diese nun bei einer Traglastüberschreitung den Besitzer auf kleinere Brillen verklagen können?

- o   dass Sie bei Erwerb eines 'cleaning wipe' kein 'cleaning Weib' erhalten?

- o   dass mit den in der Seemannssprache gebräuchlichen Bullaugen nicht die erweiterten Augen von Matrosen beim Einschiffen gemeint sind?

- o   Dass, wenn Sie ihr Chef zu einer Nagelprobe aufruft, dies nicht als Aufruf zum Besuch bei seiner Gattin zu verstehen ist?

- o   dass Callcenteragenten trotz erstklassiger Agentenausbildung nicht auf eine Karriere beim Geheimdienst hoffen dürfen?

- o   dass Callcenteragenten unter einem trockenen Martini kein Drink, sondern einen humorlosen User mit gleichem Namen verstehen?

- dass Tennisprofis trotz einem 'Love all' kein Kindergeld für Ballkinder beantragen dürfen?

- dass auch das Angeben von großem Durchhaltevermögen ein vom Konkursverwalter nicht akzeptierter Vermögenswert ist?

- dass Sie Überfällen durch einarmige Banditen ganz einfach durch Ziehen des Stromsteckers entgehen können?

- dass manche Menschen so arm sind, dass sie Wassersuppen mit ihrem Schuhlöffel essen, nur um ein bisschen Käsegeschmack in der Suppe zu haben?

- dass heimliches Zuschauen sprichwörtlich ins Auge gehen kann, insbesondere als Zaungucker auf dem Schießübungsplatz?

- dass ein Callcenteragent mit der Nummer 007 nicht automatisch die Lizenz zum Töten erhält?

- dass steter Tropfen zwar einen Stein aushöhlen kann, für manche Menschen aber lebenswichtig ist, z.B. im Krankenhaus?

- dass das world wide web für Menschen eine ganz andere Bedeutung hat, als z.B. für Spinnen, die das eher als Ziel zur eigenen Weltherrschaft verstehen würden?

Neue wissenschaftliche Erkenntnisse zur …

o   **Fliehkraft**

Es ist wissenschaftlich erwiesen, dass mit zunehmender Drehgeschwindigkeit um die eigene Achse die sogenannte Fliehkraft zunimmt. Dieser Effekt ist auch beim sogenannten ‚Ding drehen' festzustellen. Je schneller jemand ein ‚Ding dreht', desto größer der Drang nach Fliehgeschwindigkeit.

o   **Gravitation**

Es ist wissenschaftlich erwiesen, dass die Stärke der Gravitation im Tagesverlauf einer nichtlinearen Kurve folgt. Ihren Höhepunkt erreicht sie bereits am Morgen wenn es ums Aufstehen geht.

o   **Anziehungskraft**

Es ist wissenschaftlich bewiesen, dass sich Körper mit großer Masse gegenseitig anziehen, insbesondere werden dabei massearme Körper mit großer Kraft von massereichen Körpern angezogen. Praktisch kann man diesen Effekt auch bei folgendem Schema erkennen:

Bonze <- vollbusiges Model <- gutaussehender armer Schlucker

Die Genetik bringt es an den Tag! Neue evolutionäre Erkenntnisse:

?

Office of Chaos

Bürojobs und wie sie **<u>nicht</u>** vergeben werden sollten:

- Leitung: Choleriker
- Supervisoren: Feucht Aussprecher
- Beschwerdemanagement: Tourett Syndromer
- Reportingmanagement: Schwachsinnige
- Finanzielles Controlling: Fatalisten
- Schulungsteam: Stotterer
- Verbesserungswesen: Pessimisten
- Beschaffung/Einkauf: Kleptomanen
- Eskalationsmanagement: Heulsusen / Depressive
- Problemmanagement: Suizid Gefährdete
- Wissensmanagement: Mitarbeiter mit Alzheimer
- Prozessmanagement: Chaoten
- Kundenkommunikation: Autisten
- Qualitätsmanagement: Legastheniker

Shopping to go – Wir gehen dich jetzt einholen!

Werbung: Energieerzeugung

Eine neuartige Technik sichert eine konstantere und günstigere Versorgung im Falle eines Stromausfalles. Das patentierte Verfahren von Dr. H. Buh garantiert eine Notstromversorgung durch Geistesblitze. Bedingter Einsatz auch in Haushalten mit überwiegend unterbelichteten Mitgliedern, denkbar durch entsprechendes Nachholen von Schulabschlüssen.

Werbung: Lufterfrischer

Mit Febreeze können Sie Ihren Kleidern den Duft verpassen, für den Ihr Gegenüber Ihnen unendlich dankbar sein wird.

Werbung: Orangensaft

Unser Orangensaft ist nicht nur biologisch abbaubar, sondern als smoothie im Endprozess sogar auch kompostierbar.

Werbung: Spielwarengeschäft

Zerbe'r'us Spielwarengeschäft. Dackelfluchtgasse 13; Geschäftsführer Herr Gromit.

Alle Wege führen nach Rom

Fundsachen: Tiere

Achtung. Pegasus zugeflogen. Abzuholen beim fliegenden Holländer, Käsegasse 13.

Marketing

Wussten Sie schon dass immer mehr Firmen dazu übergehen das Image ihrer Produkte noch stärker mit dem Sport zu verbinden als es bisher üblich war? So hat z.B. Dr. Beest ihr neues Zahngelprodukt umbenannt und wirbt nun mit folgenden Slogan:

‚Dr. Beest of three' zusammen mit Ihren Dritten ein bissstarkes Doppelteam das auch die dicksten Brocken zermalmt.

Wir suchen einen neuen Fleischermeister. Wenn Sie denken, dass sie das folgende Profil erfüllen, dann schreiben Sie uns!

- Beste Anatomiekenntnisse über den menschlichen Körper
- Gutes Kontaktmanagement für Abdecker und Altenheime
- Virtuosität bei der Manipulation von Frischhaltedaten/-labels
- Experte in der Beschaffung und Verarbeitung von Gammelfleisch und in diesem Zusammenhang nachweislich fundierte Kenntnisse über Bleichmittel und dessen Anwendung
- Ausgeprägte Kenntnisse für die Erzeugung von Hackepeter (Peter und Schwein halb & halb) und einschlägige Erfahrungen im Abhängen entsprechend großer Fleischbrocken
- Idealerweise verfügen sie über einen großen Verwandten- bzw. Freundeskreis
- Erfahrungen als Leichenkurator wären von Vorteil.

Im Einkaufszentrum I

Baumarkt

Malerbedarf

Einfaltspinsel
Landstreicher

Eisenwaren

Kleinteile:
Schreckschrauben
Intelligenzbolzen
Hungerhaken

Werkzeuge:
Nasenbohrer
Nervensäge
Dünnbrettbohrer
Spanner
Kanisterkopf

Holzmaterialien

Vollpfosten
Holzkopp
Lattenheinrich

Sanitärbereich

Klotaucher
Warmduscher
Beckenrand-
schwimmer
Abschaum

Musik

Bahnhofsgeiger
Dummtröte
Heulboje
Flachpfeife
Dünnpfiffkünstler
Arschgeige
Blockflötengesicht

Beleuchtung

Armleuchter

WC
Fliegen-
fänger

© Theo von Taane

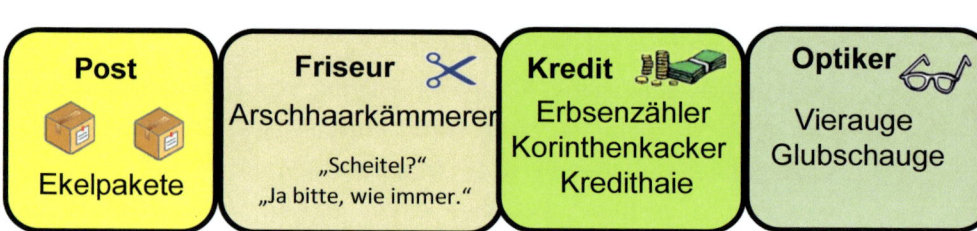

Post

Ekelpakete

Friseur ✂

Arschhaarkämmerer

„Scheitel?"
„Ja bitte, wie immer."

Kredit 💰

Erbsenzähler
Korinthenkacker
Kredithaie

Optiker 👓

Vierauge
Glubschauge

Im Einkaufszentrum II

Supermarkt

Teig- und Frisch -waren
Ulknudeln
Kuppenkäse
Reisfresser

Fleischabteilung
Suppenkaspar
Glubschauge
Schlawiener
Eselsohren
Hackfresse
Arsch mit Ohren
Schweißfüsse
Dumpfbacke
Schnitzelfriedhof
Stinkefinger

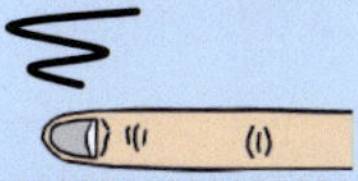

Taschen & Beutel
Dummbeutel 
Fresssack

Haushalt
Rotzlöffel
Jammerlappen

Brot- und Back- waren
Kullerkeks
Mutterkuchen

© Theo von Taane

Möbel
Stubenhocker
Bettnässer
Schnarchnase
Sesselpuper

Alternative Medizin
Analgeburtshelfer
„Und jetzt pressen, ich kann schon das Köpfchen sehen."

Kleidung
Faulpelz
Fleischkapuze
Kuttenluder
Pantoffelheld
Hosenscheißer

Suboptimale Aufstellorte für Automaten

- Briefmarkenautomat vor Krematorium

- Kondomautomat vor Nonnenkloster

- Zigarettenautomat vor Lungenheilanstalt

- Kaffeeautomat vor Luftschutzbunker

- Airgun-Automat vor Bankfiliale

- Kaugummiautomat vor ISS Raumstation

- Blumenautomat an der Front

- EC-Geldautomat vor Pfandleihergeschäft

- Taxiruf vor der Himmelspforte

- Rabattmarkenautomat im Bestattungsunternehmen

- Handschuhautomat in der Sahara

- Automat für Kaltgetränke am Nordpol

- Automat für Reisebuchungen im Sterbezimmer

- Automat für Lebensversicherungen beim Bungee Jumping

- Automat für Valentinskarten auf dem Scheidungsamt

Alien Invasion

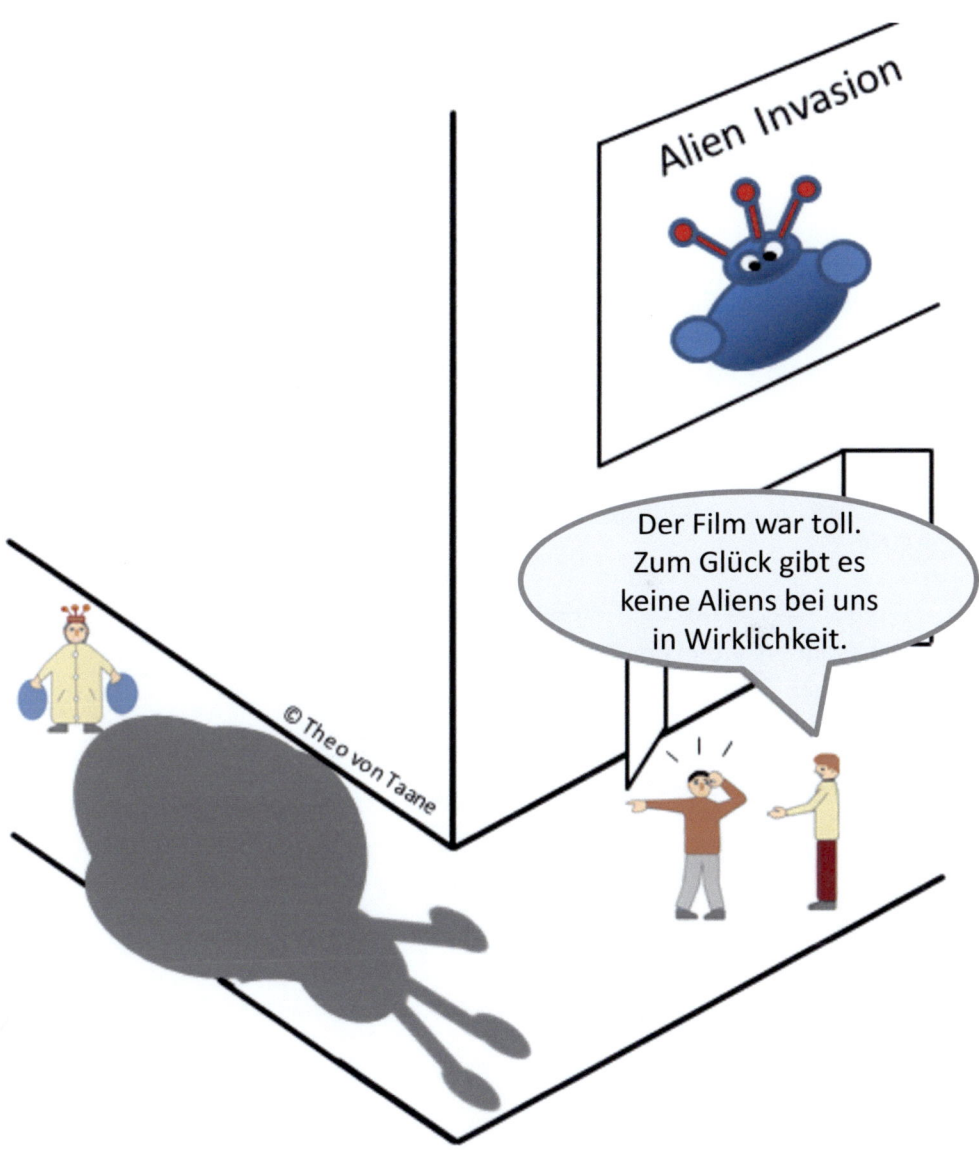

Doping

Wussten Sie schon, dass das in den 80igern bekannte Videospiel *Asteroids* jetzt indiziert wurde? Eine Expertenkomission konnte die negativen Einflüsse auf den menschlichen Körper nachweisen und hat das beliebte Kultspiel der Gruppe der sogenannten Alpha-Steroiden zugeordnet.

Fundsachen: Trojanisches Pferd

Trojanisches Pferd zugelaufen. Abzuholen in der John Wayne Str. 3. Bitte nach Meister Geppetto fragen.

Geld

Wussten Sie schon, dass Pimperlinge auch gut auf Moos gedeihen können, insbesondere wenn der Kies 'mal nicht deckend ist?

Werbung: Erotic Center

Pi-Pan Erotic Center. Hermesgasse 6 an der Ziegenherde. Bitte nach Herrn Tau fragen.

Rabatte

Werbung: Bräunungsstudio

Ti-Tan Bräunungsstudio. Riesenwuchsstrasse 105, Geschäftsführer: Herr Hyperion

Uhrenkollektion

Endlich ist die neue Generationenübergreifende Uhrenkollektion verfügbar. Angeboten werden

- Uhrenkel
- Uhroma
Und als absoluten Knaller:
- Uhralt

Baumarktgeschichten

Kommt ein Mann zum Baumarkt und sagt:

„Ich hätte gerne eine Holzkiste, einen Spaten, eine Axt, eine Plastikplane und 30 Hundekuchen bitte."

Jobs rund um's shoppen

- Eintreiber bei Zalando

- Fliegenfänger bei McClean

- Fährtenleser im Großstadtdschungel

- Pferdezüchter bei Rossmann
- Strumpfhalter bei Adler
- Pausenclown bei Greeneisen
- Pedant bei Deichmann
- Anstreicher im Massagesalon
- Biobauer im Haarshop
- Halbleiter im Elektrofachgeschäft
- Kaffeesatzleser bei Eduscho
- Überweisungsträger für Banken
- Hot Dog Züchter für Ikea
- Testschnüffler bei UHU
- Taschentuchfalter bei Tempo
- Vermittlungsagent für Kent
- Türlieferant für Zuhälter
- Reifendruckprüfer bei Hot Wheels
- Kaffeesatzlieferant für Wahrsager
- Ski-Verkäufer beim Drogendealer
- Altpapiersammler bei McPaper
- Stuhlgänger bei McClean
- Buswinker im Reisebus
- Seifenspender bei Unicef
- Wertstofftrenner bei der Mafia

Jahrestage – Über rote Bommelmützen-Fetischisten und Knalltraum Phantasien!

Santa

In der Weihnachtszeit. Klein Lieschen fragt die Mama:

„Und Mama, die vielen tollen Geschenke haben wir die alle von Santa?" Darauf die Mutter: „Ja, mein Schatz, genau genommen vom Einkaufscenter."

Sexmuffel

„Also Schatz, mit deinem Lippenherpes wird das nichts mit unserem Sex über die Feiertage."

Darauf der Mann :

„Ja, dafür mußte ich mich auch durch sämtliche gebrauchte Glühweinbecher auf dem Weihnachtsmarkt trinken, bis ein erster Erfolg sichtbar wurde."

Weihnachtsmann

Was wünscht sich der Weihnachtsmann zu Weihnachten?

Einen Routenplaner! Und warum?

Na, weil er die frechsten Kinder immer am liebsten zuerst ‚beschert'.

Neulich im Krankenhaus

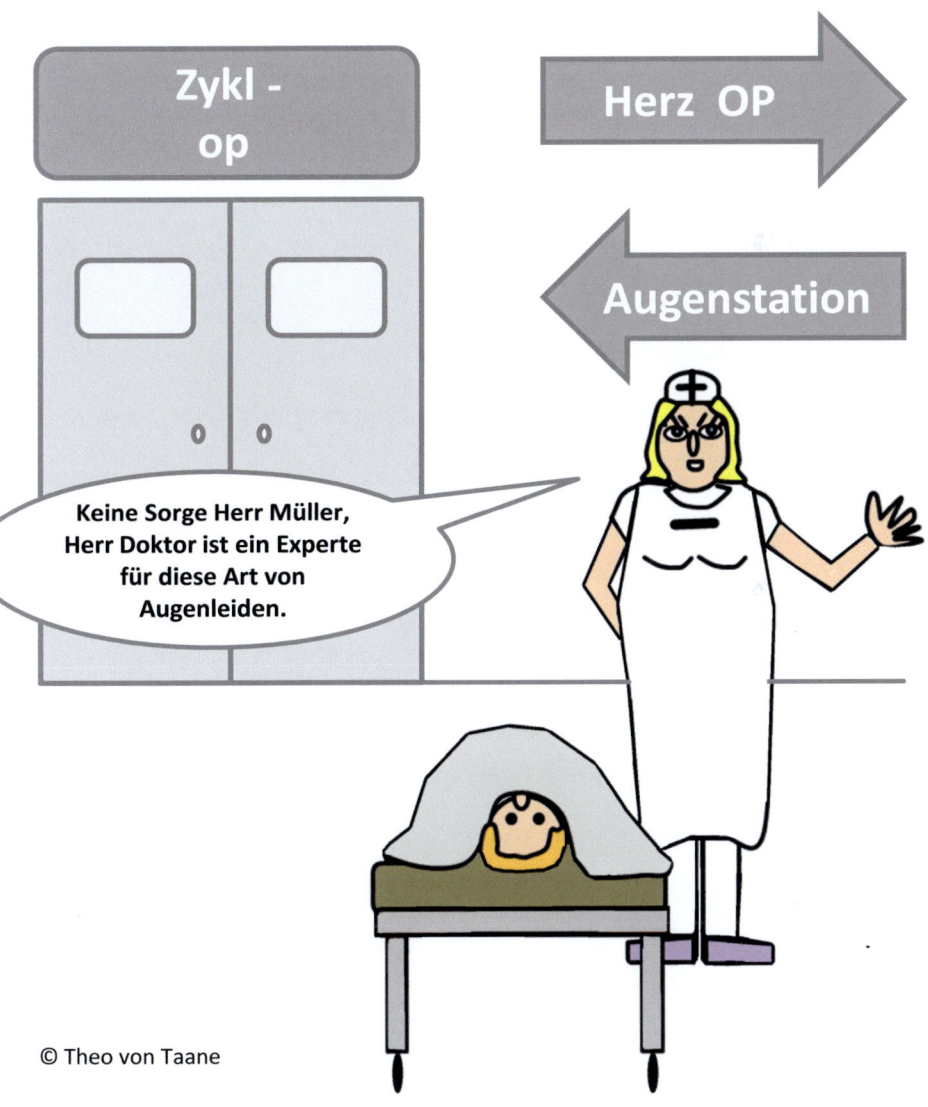

Silvester

Rechtzeitig zum Silvestergeschäft bietet die *rent-a-Böller* **Personal**vermittlung ein umweltschonendes Feuerwerkskonzept der etwas anderen Art mit folgenden Angeboten an:

- o   Knallschoten
- o   Abgebrannte Typen als Luftnummer
- o   Zum Schießen komische Heulbojen
- o   Knallköpfe
- o   Eine Weisse mit Schuß
- o   Typen mit durchgebrannter Sicherung
- o   Typen, die geladen sind mit dicker Kanone
- o   Zum Durchknallen bereite Ladykracher
- o   Typen mit Sockenschuß
- o   Typen mit Bombenstimmung die Lunte riechen
- o   Typen als Spätzünder und mit langer Leitung
- o   Typen, die frisch gefeuert wurden
- o   Brandstifter, die nichts anbrennen lassen
- o   Barkeeper für Molotow-Cocktails
- o   Komplett durchgeknallte Typen

Dies & Das – Die Verwirrtheit kommt zum Schluss!

Ausflug in den Botanischen Garten – ein Übersichtsplan

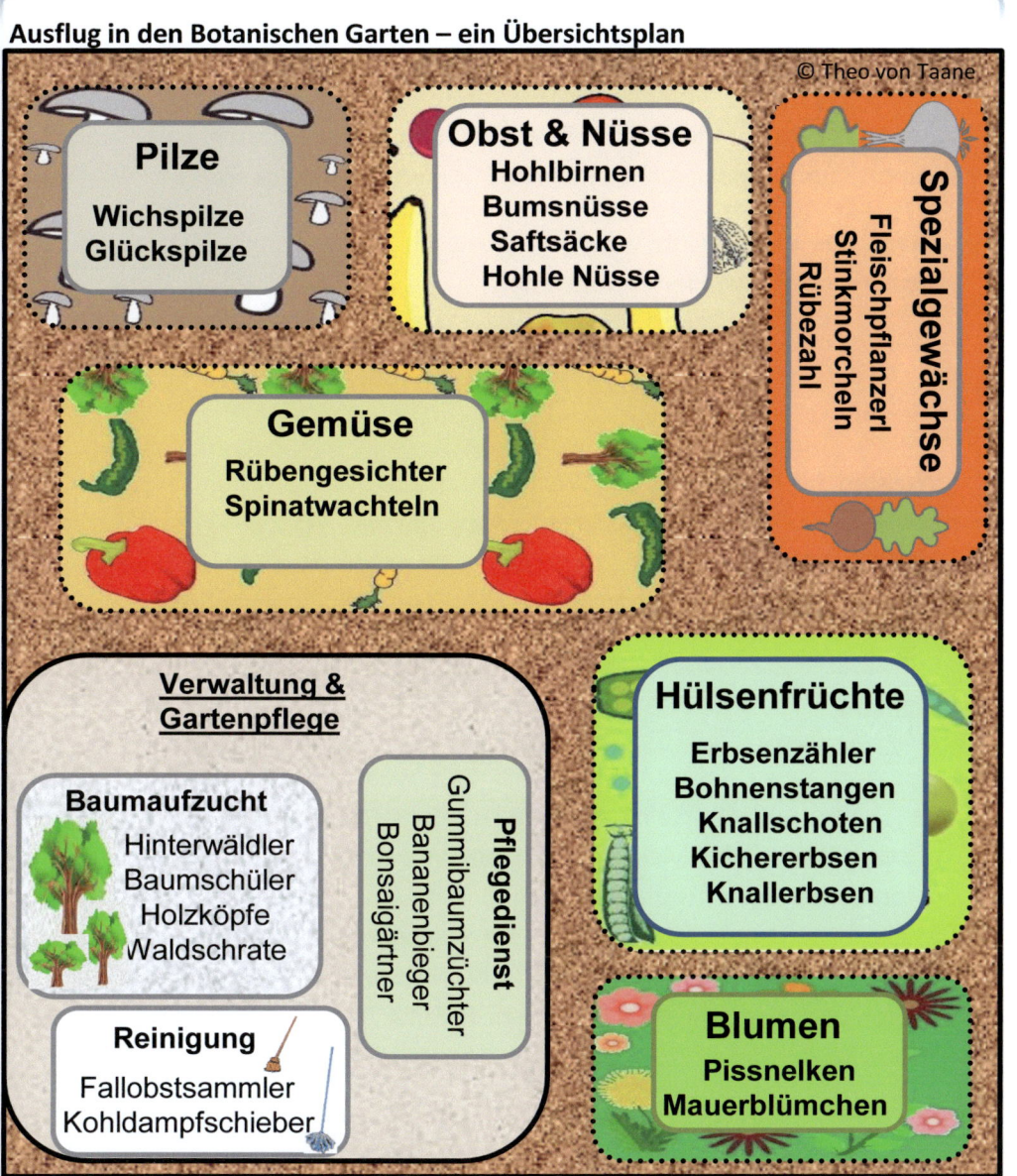

© Theo von Taane

Pilze

Wichspilze
Glückspilze

Obst & Nüsse

Hohlbirnen
Bumsnüsse
Saftsäcke
Hohle Nüsse

Spezialgewächse

Fleischpflanzerl
Stinkmorcheln
Rübezahl

Gemüse

Rübengesichter
Spinatwachteln

Verwaltung & Gartenpflege

Baumaufzucht

Hinterwäldler
Baumschüler
Holzköpfe
Waldschrate

Pflegedienst

Gummibaumzüchter
Bananenbieger
Bonsaigärtner

Reinigung

Fallobstsammler
Kohldampfschieber

Hülsenfrüchte

Erbsenzähler
Bohnenstangen
Knallschoten
Kichererbsen
Knallerbsen

Blumen

Pissnelken
Mauerblümchen

Odeur superior

Unterhalten sich zwei Frauen auf einer Party, sagt die eine:

„Du hast dich gerade so schnell von deinem Mann entfernt, hast du ihm seinen Faux Pas noch nicht verziehen?" Antwortet die andere:

„Nein, das ist es nicht. Vielmehr warte ich noch solange, bis sich mein kleiner Faux Pas wieder verzogen hat."

Fliegen

Wussten Sie schon, dass der Wetterfrosch aus dem Fernsehen zwar keine Leiter herauf- oder herabsteigen muss, um das Wetter vorherzusagen, aber Fliegen als Entlohnung generell positiv gegenübersteht, insbesondere wenn es sich dabei um einen 1.Klasse Flug nach Mallorca handelt?

Meinung

„Andreas, es ist vollkommen in Ordnung, wenn du dem Frust 'mal Luft verschaffst und die Gelegenheit nutzt, dem Top Managementbesuch in unserer Filiale Deine Meinung zu sagen, dass sie u.a. unfähig sind und hier sofort Köpfe rollen müssten. Aber dies direkt vor dem Büro von Herrn Müller zu tun und zu erzählen dass sie dich bei evt. Rückfragen hier wieder finden würden, wurde offenbar missverstanden. Zumindest hat Herr Müller jetzt wieder mehr Zeit für seine Familie."

Zu spät kommen – U-Bahn

Tut mir leid, dass ich zu spät komme, aber ich habe heute früh eine Ewigkeit auf den Bus gewartet...im U-Bahnhof, aber dann habe ich mich wieder eines Besseren besonnen und mich schnell in den Durch*zug* gestellt.

Zu spät kommen - physikalisch

Tut mir leid, dass ich heute zu spät komme, aber geistig war Ich pünktlich da, nur mein Körper lag noch im Bett.

Zwerge

Wussten Sie eigentlich, dass man Zwerge durch andauernde Beschallung mit klassischer Musik und permanentes Bereden zum Wachstum anregen kann?

Feuerschaden

Es ist wirklich ein Jammer mit dem Feuerschaden an deinem schönen neuen Haus. Ich habe mir noch gestern bei der Einweihungsparty gedacht "Wenn es da mal keine Probleme mit der Qualität in der Verkabelung gibt, insbesondere weil der Zugang hierzu für jederman gegeben war; also zumindest wenn man weiß, wo man im Keller danach suchen muß...".

Vorsicht ist die Mutter der Porzellankiste

Entbindungsstation

Glückwunsch Frau Vorsicht, es ist eine Porzellankiste.

© Theo von Taane

Azubis gesucht - moderne Ausbíldungslehrgänge

- Ausbildungslehrgang zum Leichenkurator bei den 7 Zwergen
- Blutspendetrainee bei Graf Dracula
- Ausbildung zum Hundeleinenhalter bei Aldi
- Maurerausbildung zum Brückenbauer in der Zahnarztpraxis
- Baumschüler bei Pflanzen Kölle

Wald

„Hast du schon gehört Frank ist von seiner Arbeit so gestresst, dass er bereits den Wald vor lauter Bäumen nicht mehr sieht." Darauf der Andere:

„Naja, dass er Förster ist, macht die Sache nun auch nicht gerade einfacher."

Kollegentratsch

Sagt ein Kollege zum anderen: „Meine Frau hat einen so dicken Busen, dass sie von mir zum Geburtstag glatt eine Gebirgskette geschenkt bekommen hat." Darauf der andere:

Ja und meine Frau hat so einen dicken Po, dass ich ihr einen Gebirgskamm zum Geburtstag schenken mußte."

Fastfood

„Ich verstehe gar nicht, weshalb Fast Food so ungesund sein soll, habe deswegen bereits ein halbes kilo abgenommen."

Haus

„Hast du schon gehört, im Blockhaus der Müllers soll gestern Feuer ausgebrochen sein." Sagt der Andere:

„Hah, Feuer ausgebrochen, ist gut, das ganze Blockhaus ist abgebrannt bis runter auf die Notiz- und Malblöcke." Darauf der Andere:

„Au weia, da muß es wohl einen wichtigen blocking point im Feuerschutz gegeben haben." Darauf wieder der Andere:

„Wahrscheinlich wurde der entscheidende Blocksatz bereits bei der Grundblocksatzlegung kursiv eingesetzt."

Alphabet

Lehrer zu Mäxchen: „Mäxchen, das Alphabet hört nicht nach dem B auf.". Darauf Mäxchen:

„Aber Herr Lehrer, es heißt doch wer A sagt muß auch B sagen, von den Buchstaben danach ist doch gar nicht die Rede."

Schutz

Zwei Polizeibeamte wollen ein Haus mit Verdächtigen stürmen, da sagt der eine:

„Wie willst du mir Schutz geben?". Da zieht der andere ein Kondom aus der Tasche hält es hoch und sagt:

„Keine Sorge, Schutz während der Deckung steht bei mir an erster Stelle."

Verkehrsunfall

Verkehrsunfall an einer Straßenkreuzung. Das eine Auto hat es voll erwischt. Ein Fußgänger zieht den schwerverletzten Fahrer stark blutend aus dem Auto. Der Helfer ruft in die Menge der Passanten, die sich inzwischen angesammelt hat: „Ist vielleicht ein Arzt anwesend? Der Fahrer benötigt sofort medizinische Hilfe." Ein Mann etwa Ende 20 tritt aus der Menge und geht eiligen Schrittes zum Verletzten und sagt:

"Ich denke ich kann helfen."

Dann fängt der junge Mann plötzlich an, laut einen Witz zu erzählen. Als er fertig ist, hört man schallendes Gelächter aus der Richtung der Passanten. Der Helfer schüttelt nur den Kopf und fragt den jungen Mann:

„Was soll das denn? Der Mann hier liegt im Sterben und Sie machen Witze?" Darauf der junge Mann:

„Na, sie wissen doch, ,Lachen ist die beste Medizin', und das war mein bester Witz."

Sparen

Unterhalten sich zwei Frauen, sagt die eine:

„Wusstest du eigentlich, dass noch ca. 60% der Deutschen ein echtes Sparschwein zuhause haben?" Darauf die andere:

„Ja, und ehrlich gesagt finde ich es auch schon ziemlich nervig, wenn mein Mann 'mal wieder ein kritisches Auge auf die Ausgaben wirft."

Meister

Der Polier Müller zum jungen Bauarbeiter:

„Junge, du machst das nicht richtig; naja, es ist eben noch kein Meister vom Himmel gefallen".

Nächster Tag wieder der Polier Müller zum jungen Bauarbeiter:

„Ach Herrje, falsch herum, naja, es ist eben noch kein Meister vom Himmel gefallen.".

Dritter Tag, das zu renovierende Haus ist fast fertig, da bemerkt der junge Bauarbeiter wie jemand an seiner Etage vorbei nach unten fällt, er blickt dem Fallenden nach und ruft hinterher: „Naja Herr Müller, der Satz es ist noch kein Meister vom Himmel gefallen, stimmt ja nun so nicht mehr."

Pech

Mein Kumpel hat immer Pech. Letztens zieht er ein Ärmel-Los und erwischt doch glatt die Arsch-Karte.

Zwerge

Warum laufen Zwerge bei Regen mit dem Kinn noch oben?

Damit sie nicht in den Pfützen ertrinken.

Die volle Wahrheit über Vampire – exklusiv zusammengestellt:

Dracula

Graf Dracula

Blutplasma

!

Es kann nur
einen geben!

Highlander

Staupe

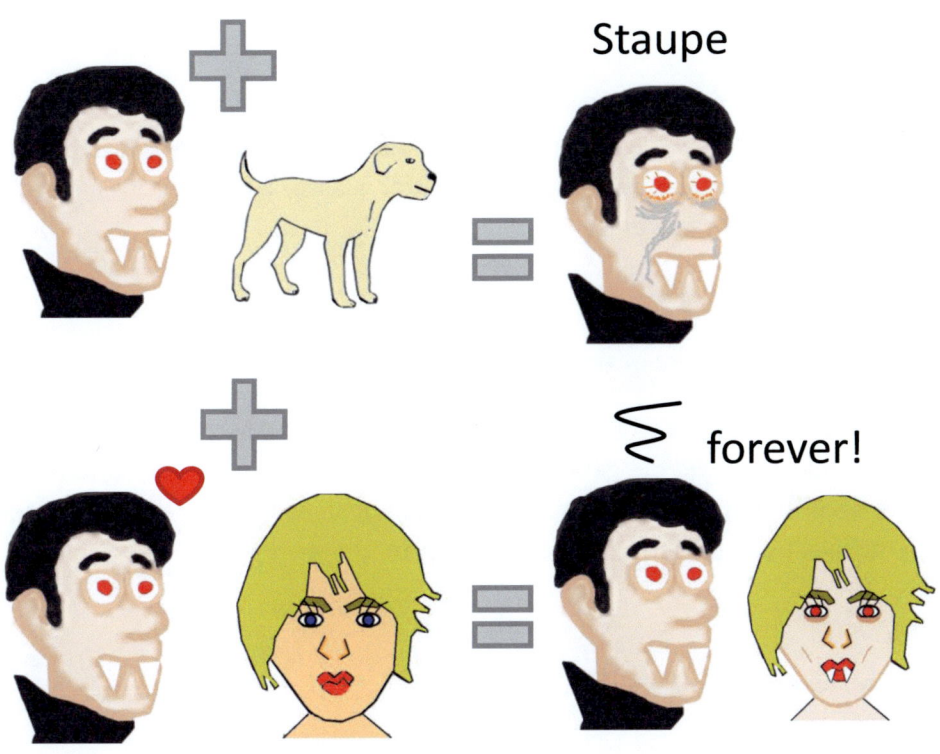

forever!

Fragen die man nicht stellen sollte

...an einen Arzt:

„Wann ist nochmal Ihr Kollege aus dem Urlaub zurück? Also der mit dem Doktortitel? Nicht dass mir Ihr fehlender Doktortitel etwas ausmachen würde, ich verreise z.B. auch mal Dritter Klasse, zumindest solange das Reisen 1. Klasse teurer ist."

...an einen Streifenpolizist:

„Haben Sie schon von dem Typen gehört, der gerade in den Parallelstraßen herumlungert und die ganze Nachbarschaft beunruhigt? Bitte, könnten Sie 'mal nach dem Rechten sehen? Nicht dass noch etwas passiert. Sie können ihn leicht identifizieren, er trägt die gleiche Uniform wie Sie."

...an einen Verkehrspolizisten:

„Wussten Sie schon, dass heute ein Alien gesichtet wurde? Es geht auf zwei Beinen wedelt unkoordiniert mit seinen Greifarmen mitten auf der Straße umher und anstelle der Augen hat es zwei Tomaten."

...an den Chef:

„Sie haben doch bestimmt auch Träume. Was möchten sie denn z.B. 'mal werden, also nach Ausbildungsende?"

Radiologisch

© Theo von Taane

************** Eilmeldungen **************

Eilmeldung 1: Frosta

Väterchen Frost einstimmig in den Vorstand von Frosta gewählt. Das Unternehmen folgt damit seiner Strategie, wieder mehr Fachkräfte auf Managementebene zu integrieren.

Eilmeldung 2: Die sieben Zwerge

Den sieben Zwergen ist gestern das Einfangen des letzten Einhorns gelungen, welches für schwere Arbeiten im Bergwerk eingesetzt werden soll. Kommentar des Pressesprechers der sieben Zwerge hierzu: „Das Leben ist kein Ponyhof."

Eilmeldung 3: Nosferatu

Nosferatu nachts im Wald beim Streicheln von Hasen überrascht. Unser Experte hierzu: „Typischer Fall von harte Schale – weicher Kern Syndrom.

Eilmeldung 4: Gerichtsbeschluß

Oberste Gerichtsinstanz weist Klage zurück: ‚Reboot' ist kein maritimer Ausdruck und unterliegt damit auch nicht der Kurtaxbesteuerung.

Mein Kumpel ist…

Reich

Mein Kumpel ist so reich, sogar sein Brett vor dem Kopf ist aus Mahagoni.

Gelöschte Dateien

Mein Kumpel ist so arm, dass er gelöschte Dateien wieder aus dem Papierkorb holt und nochmal verwendet.

Party

Mein Kumpel ist so geizig, dass er seine Gäste als Höhepunkt seiner Party zum gemeinsamen Plündern der Abfalleimer bei McDonalds für ein Resteessen einlädt.

Bank

Mein Kumpel ist so geizig, dass er durch seine permanente Sparbesuche bei seiner Bank, offiziell zum Inventar deklariert wurde.

Firmenjubiläum

Mein Kumpel ist so geizig, dass er zu seinem Firmenjubiläum die Kollegen via Telefonkonferenzzuschaltung zur Teilnahme am Essen eingeladen hat.

100m Lauf

Mein Kumpel ist so geizig, dass er beim 100 Meter Lauf, um seine Sohlen vor zu viel Abnutzung zu bewahren, nach 50 Metern auf seinen Händen weiterläuft.

Abwasserkanal

Mein Kumpel stinkt so abartig, dass er jetzt sogar einen Job bei der Schädlingsbekämpfung bekommen hat. Wieso? Na, er wird einfach durch die Abwasserkanäle geschickt und schon ergreifen sämtliche Ratten die Flucht. Am Ausgang werden diese dann noch halb benebelt vom Gestank durch die bereits wartenden Kollegen einfach aufgesammelt.

Fliegen

Mein Kumpel ist so dreckig, dass er permanent von Fliegen folgenden Toilettensuchenden auf das Finden der nächsten Toilette hin angesprochen wird.

Typen

Mein Kumpel ist so dreckig, dass ihm selbst die miesesten Typen ohne Aufforderung Wasser und Seife vorbeibringen.

Klaus

Mein Kumpel Klaus ist so dreckig, dass jetzt sogar Schilder nach ihm benannt wurden, wie z.B. Tiere und Klaus müssen leider draußen bleiben.

Telefonieren

Mein Kumpel ist so arm, dass er beim Telefonieren sogar mit dem Stottern aufhört nur um Gebühren zu sparen.

Zeit sparen

Mein Kumpel ist so arm, dass er um Zeit zu sparen, seine Freundin lieber schnell um die Ecke bringt, statt den langen Weg nach Hause.

Brückenpenner

Mein Kumpel ist so arm, dass wenn er von den Brückenpennern redet, er immer von ‚den Reichen' spricht.

Moderne Heizanlage

© Theo von Taane

Tauben

Mein Kumpel ist so arm, dass die Tauben vom Kölner Dom ein SOS an das Bürofenster vom Bürgermeister picken, da er den Tauben immer die Brotkrumen abjagt, welche die Touristen ihnen zuwerfen.

Lotterielose

Mein Kumpel ist so arm, dass er sich nur Lotterielose von letzter Woche leisten kann, denn die bekommt er von einem ‚guten' Freund zum halben Preis.

Dumm

Mein Kumpel ist so dumm. Letztens wurde er zu einem Hieb- und Stichfest eingeladen und kam als Schwein verkleidet.

Familienbande

Die Familie meines Kumpels ist so arm, dass sein Bruder, um unnötige Kosten für weitere Familienmitglieder zu sparen, auch gleichzeitig die Halbschwester seines Cousins ist.

Tierlieb

Mein Kumpel ist so tierlieb, dass er letztens beim Spazierengehen ganz spontan eine ziemlich zerrupft aussehende Bordsteinschwalbe bei sich zur Pfege aufgenommen hat.

Förmlich

Mein Kumpel ist so förmlich, wenn der eine Socke sucht, gibt er eine Vermisstenanzeige auf.

Gesucht wird...

- Rachenputzer bei Odol
- Druckwart für Persilscheine
- Steuerfahnder bei Monopoly
- Altreifensammler bei Hot Wheels
- Bürstenbinder bei Oral-B
- Spargeltarzan bei Libbys
- Stammwähler in Uruguay
- Statist in der Klokabine
- Strichmännchen im Bordell
- Trantüte bei Melitta
- Zahnbürster bei Corega-Tabs
- Autoputzer bei Matchbox
- Querulant im Wartezimmer
- Messdiener beim Bauamt
- Bildhauer im Louvre
- Stewardess bei Revell
- Dünnbrettbohrer bei Black & Decker
- Leuchtturmwärter im Legoland
- Ohrenputzer bei der NSA

- Dachdecker im Oberstübchen
- Geisterfahrer im Fahrstuhlschacht
- Profilkratzer bei Pirelli
- Türaufhalter bei Drehtüren
- Zwergezüchter für Wetterhäuschen
- Vermietung von Painkillern an die Mafia
- Streetworker bei Hänsel & Gretel
- Sprossenlieferant für Karriereleitern
- Bärenfänger für Haribo
- Wünschelroutengänger auf dem Minenfeld
- Untertassenverkäufer an Aliens
- Pommesabfüller in der Flaschenfabrik
- Hobelkäse-Erntehelfer im Fußpflegesalon
- „Quark"lieferant für sprachlose Enten
- Kohlelieferant für Atomkraftwerke
- Bärenaufbinder für Lügenbolde
- Taktdirigent für nachgehende Uhren
- Andenkenverkäufer im Knast
- Farbberater für schwedische Gardinen
- Kammerjäger im Hosenstall
- Hungertuchlieferant für Bekleidungsunternehmen
- Elektroinstallateur für Legebatterien

- Schlangenbeschwörer für einäugige Hosenschlangen
- Goldfischlieferant für Fort Knox

Losglück

Bucherstellung bei Theo - eine kleine Entstehungsgeschichte

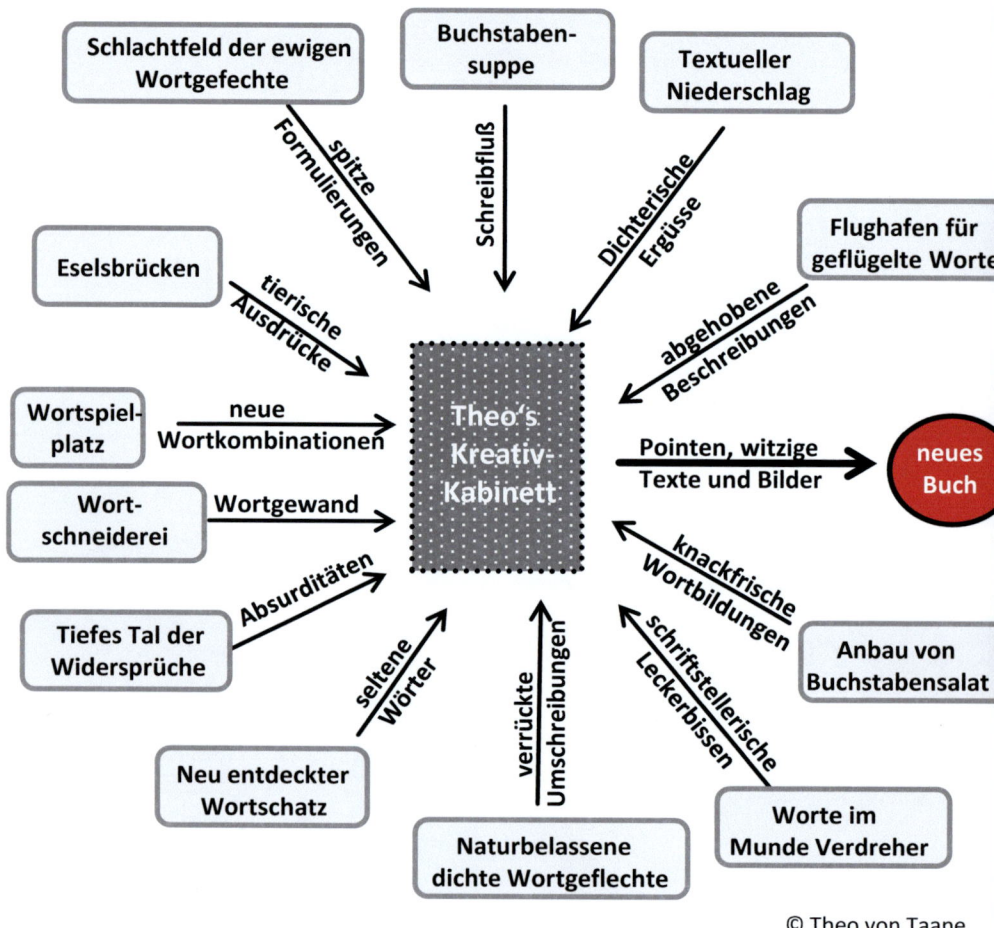

© Theo von Taane

Der Wunschknopf – Befriedigung ohne Ende!

Liebe Leser,

Nun ist es endlich so weit. Nach jahrzehntelangen Recherchen ist es mir gelungen eine uralte Magie wieder zu entdecken und für jederman nutzbar zu machen. Die Rede ist vom sagenhaften **Wunschknopf**.

Wer immer diesen Wunschknopf mit seinem Daumen mindestens eine Minute lang gedrückt hält dem werden alle seine Wünsche die er sich innerhalb dieser einen Minute wünscht in Erfüllung gehen.

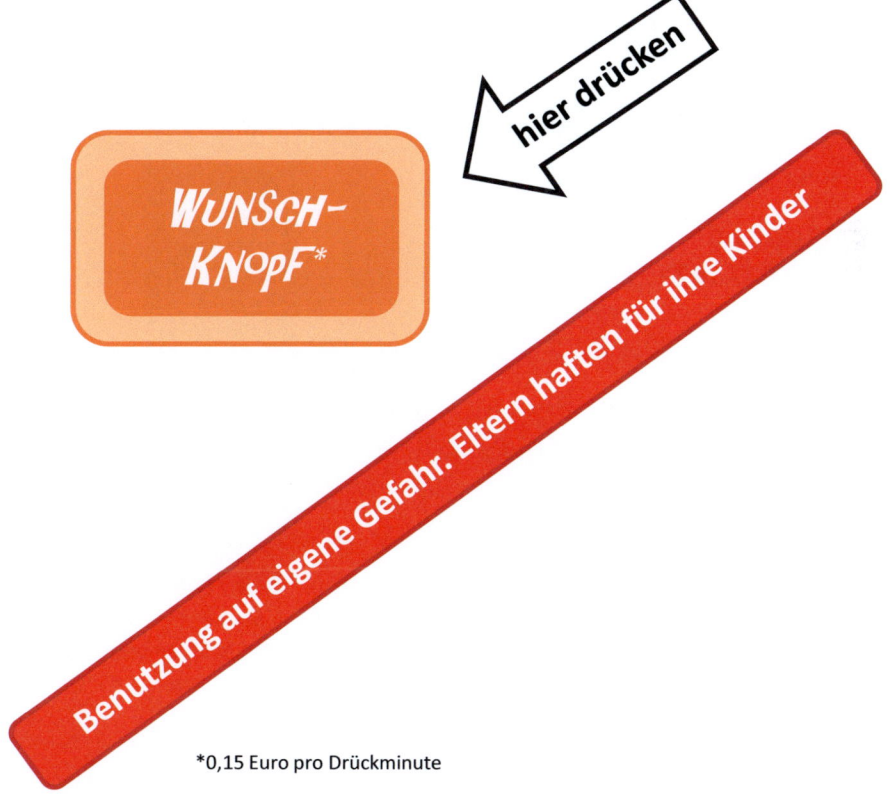

hier drücken

WUNSCH-
KNOpF*

Benutzung auf eigene Gefahr. Eltern haften für ihre Kinder

*0,15 Euro pro Drückminute

Bücher von Theo von Taane:

„Tennis Witze Knallbonbons"
ISBN: **9783732296491**

„Je öfter man drückt, desto
schneller kommt der Fahrstuhl!"
ISBN: **9783735785794**

Spiele von Theo von Taane:

„Schnappt Ede!"
ISBN: **9783734712289**

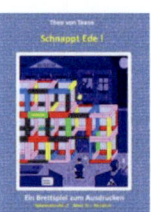

„Die spannende Geschenkejagd!"
ISBN: **9783734704734**

Haben sie Fragen oder Anregungen oder möchten über neue Bücher oder Spiele von
Theo von Taane informiert werden?
Schreiben sie dem Autor!

theo.vontaane@t-online.de